TÉCNICAS DE GOLPES DE ESTADO

CURZIO MALAPARTE

TÉCNICAS DE GOLPES DE ESTADO

UTILIZADAS POR:
FASCISTAS
COMUNISTAS
NAZISTAS

TRADUÇÃO DE
ROBERTA SARTORI

COPYRIGHT © FARO EDITORIAL, 2022
COPYRIGHT © CURZIO MALAPARTE, 1898 - 1957

Todos os direitos reservados.
Nenhuma parte deste livro pode ser reproduzida sob quaisquer meios existentes sem autorização por escrito do editor.

Avis Rara é um selo de Ciências Sociais da Faro Editorial.

Diretor editorial **PEDRO ALMEIDA**

Coordenação editorial **CARLA SACRATO**

Preparação **TUCA FARIA**

Revisão **BARBARA PARENTE E NATHÁLIA RONDÁN**

Imagens de capa **DMITR1CH | SHUTTERSTOCK**

Dados Internacionais de Catalogação na Publicação (CIP)
Jéssica de Oliveira Molinari CRB-8/9852

Malaparte, Curzio, 1898-1957
    Técnicas para o golpe de estado / Curzio Malaparte ; tradução de Roberta Sartori. — São Paulo : Avis Rara, 2022.
    160 p.

    ISBN 978-65-5957-228-1
    Título original: Technique Coup D'Etat – The Technique of Revolution

    1. Europa – Política e governo – 1918-1945 2. Ciência política I. Título II. Sartori, Roberta

22-3186   CDD 321.09

Índice para catálogo sistemático:
1. Europa – Política e governo – 1918-1945

1ª edição brasileira: 2022
Direitos de edição em língua portuguesa, para o Brasil, adquiridos por FARO EDITORIAL.

Avenida Andrômeda, 885 — Sala 310
Alphaville — Barueri — SP — Brasil
CEP: 06473-000
www.faroeditorial.com.br

SUMÁRIO

Apresentação 7

Prefácio – *Porque defender a liberdade sempre compensa*. 11

Capítulo I 25
A história da luta dos defensores do princípio da liberdade e da democracia

Capítulo II 32
As primeiras considerações sobre a arte de conquistar e defender o Estado

Capítulo III 39
Varsóvia invadida

Capítulo IV 49
A desordem é a mais necessária das circunstâncias favoráveis aos golpes de Estado

Capítulo V 56
A relação entre Bonaparte e o chanceler do Reich

Capítulo VI 62
Em todos os golpes de Estado, a regra tática dos catilinários é abreviar; a dos defensores do Estado é ganhar tempo

Capítulo VII 69
O Parlamento é o cúmplice necessário, não voluntário, e, ao mesmo tempo, a primeira vítima do golpe de Estado

Capítulo VIII 78
As diferentes estratégias de Lênin e Trótski

Capítulo IX 87
A tropa de assalto de Trótski

Capítulo X 94
É preciso vencer o adversário no mesmo terreno em que ele defende o Estado

Capítulo XI **101**
A luta entre Stalin e Trótski: o episódio mais rico da história política europeia dos últimos tempos

Capítulo XII **109**
A conduta de Trótski

Capítulo XIII **120**
"A revolução de Mussolini não é uma revolução, é uma comédia!"

Capítulo XIV **130**
O fascismo e as organizações sindicais

Capítulo XV **138**
Mussolini e o marxismo

Capítulo XVI **145**
Hitler não passa de uma caricatura de Mussolini

Nota biográfica **157**

APRESENTAÇÃO

Publicado pela primeira vez em 1931, o clássico que o leitor tem em mãos foi proibido por Mussolini na Itália fascista e incendiado em praça pública por ordem pessoal de Hitler na Alemanha nazista. Trótski, considerando-o fascista, atacou-o com fúria na imprensa internacional, ao mesmo tempo em que nos círculos intelectuais da União Soviética *Técnicas de golpes de Estado* era massacrado sob a acusação de ser trotskista. Este livro foi proibido na Áustria, na Espanha, em Portugal, na Polônia, na Hungria, na Romênia, na Iugoslávia, na Bulgária e na Grécia. Poderia haver melhor elogio a um livro intitulado *Técnicas de golpes de Estado* que o fato de que foi proibido em todos os lugares onde houve golpes de Estado? Entretanto, apesar dessas proibições – ou por causa delas – poucos livros foram tão lidos e tão discutidos; menos livros ainda tiveram tanta influência na história e no rumo geral dos acontecimentos.

Esses fatos não devem sugerir, porém, que *Técnicas de golpes de Estado* seja um livro de interesse meramente histórico, que lida com fatos enterrados no passado remoto. Trata-se, ao contrário, de um livro essencial para a compreensão do mundo contemporâneo e a ação efetiva nele, que permanece tão relevante hoje quanto era em 1931. Pois em todo o mundo está na moda a ideia de que a democracia está sob constante ameaça. Quase não passa um dia sem que, de acordo com a imprensa, algum fato ameace a democracia ou mesmo marque o seu fim. Mas o que realmente constitui ameaça à democracia e o que é mera cortina de fumaça? É a essa pergunta, entre outras igualmente vitais, que este livro responde.

Se seu título sugere que *Técnicas de golpes de Estado* é uma espécie de manual para a tomada do poder, é porque de fato é. Entretanto, tendo recebido do próprio autor uma cópia do livro, o político francês Jean Chiappe (1878-1940), que

Curzio Malaparte descreve como "criador da complexa máquina estatal francesa para a defesa da República e das liberdades republicanas", respondeu-lhe: "Você ensina estadistas a prever os fenômenos revolucionários de nosso tempo, a entendê-los, a impedir que os sediciosos tomem o poder pela força". É que a descrição meticulosa da doença é aqui o meio para a cura: o veneno é estudado a fim de fabricar o antídoto. Malaparte pretende "mostrar como se conquista e se defende um Estado moderno" para que este seja defendido, não tomado.

Assim, o objetivo professo deste livro é ensinar aos defensores da democracia como impedir que seus inimigos a destruam. O que Malaparte deseja é mostrar aos partidários da liberdade e da democracia como defender-se "dos partidos que colocam o problema do Estado no terreno revolucionário ... os partidos de extrema-direita e extrema-esquerda ... ou seja, os fascistas e os comunistas." O livro é efetivamente, pois, um manual prático para uso de governos democráticos, já que, como explica Malaparte, os meios usados para preservar a democracia são idênticos aos meios usados para destruí-la.

Não poderia haver homem melhor para realizar essa tarefa do que Curzio Malaparte. Em 1922, já acumulando experiências como soldado e diplomata, Malaparte adere entusiasticamente ao movimento fascista e participa da marcha sobre Roma. A partir de 1924, dá início a uma frutífera carreira de jornalista e escritor na qual não somente escreve artigos e livros de cunho fascista, mas dirige o principal jornal do regime, o *Stampa*. Ali, graças a seu espírito independente e livre, Malaparte começa a divergir cada vez mais da linha ortodoxa do fascismo, até ser finalmente afastado da direção do jornal em 1931 por ordem do próprio Mussolini, com quem até então mantinha relações pessoais. É justamente em 1931 que *Técnicas de golpes de Estado* é publicado pela primeira vez, não na Itália, mas na França, país onde o agora ex-fascista se exilara.

Assim, Malaparte não é um cientista ou filósofo tentando compreender os fatos desde fora, mas um personagem que participou diretamente dos acontecimentos desde o centro, vendo-os com os próprios olhos. Disso decorre o fato inusitado, mas delicioso, de que um livro desta natureza e com este tema seja escrito em primeira pessoa por um protagonista que se coloca como testemunha dos fatos narrados. Como explica o próprio Malaparte em *Memoriale* (1946):

> Meu livro *Técnicas de golpes de Estado* não é um ensaio histórico, nem um estudo político e social ... Trata-se de um livro de história romanceada, no

qual os fatos fundamentais são verdadeiros e exatos, mas as razões da experiência pessoal estão continuamente entrelaçadas com razões tiradas da imaginação e da experiência de outros. ... Nos capítulos dedicados aos golpes de Estado modernos, como o de Trótski em 1928, em Moscou; o de Mussolini, em outubro de 1922; e o que Hitler se preparava para realizar na Alemanha [o livro surgiu em 1931, enquanto Hitler ascendeu ao poder em 1933], o personagem chamado "eu" aparece continuamente em cena, pegando o leitor pela mão e guiando-o em meio ao turbilhão dos acontecimentos, introduzindo-o nos segredos da máquina revolucionária, fazendo-o observar de perto, praticamente com os próprios olhos, o mecanismo interno do golpe de Estado. Enquanto o procedimento utilizado nos ensaios históricos e políticos é o de um olhar externo, ou seja, do exame objetivo dos fatos, para o interno, ou seja, para um julgamento subjetivo dos próprios fatos, o procedimento do gênero literário que eu segui na *Technique du coup d'État* foi ir de dentro para fora, ou seja, uma visão subjetiva dos fatos para um julgamento objetivo.

As conclusões desta investigação demolem inúmeras preconcepções contemporâneas sobre as condições propícias a um golpe de Estado e os fatos que constituem "ameaças à democracia". De acordo com Malaparte, por exemplo, o elemento essencial de um golpe de Estado não é a ideologia, mas a técnica. Pois, explica ele, "o problema da conquista e da defesa do Estado não é uma questão política, e sim técnica. ... As circunstâncias favoráveis a um golpe de Estado não são necessariamente de natureza política e social e não dependem das condições gerais do país." Mais importante para realizar um golpe de Estado do que a posse de meios políticos ou a existência de certas condições gerais favoráveis no país é, segundo Malaparte, o controle dos centros do poder tecnológico do Estado, sobretudo os meios de informação. Assim, é quem controla esses meios que tem o poder real de realizar um golpe de Estado.

Depois de ler este clássico indispensável para a compreensão do mundo em que vivemos e a defesa efetiva da liberdade, o leitor será capaz de julgar por conta própria o que constitui e o que não constitui uma "ameaça à democracia", bem como que pessoas ou grupos possuem os meios reais de acabar com a democracia dando um golpe de Estado.

EDUARDO LEVY
Escritor e tradutor

PREFÁCIO

PORQUE DEFENDER A LIBERDADE SEMPRE COMPENSA

Eu odeio este meu livro. Eu o odeio de todo coração. Ele me deu fama, aquela pobre coisa que é a fama, mas também quantas misérias. Em razão deste livro conheci a prisão e o exílio, a traição dos amigos, a má-fé dos adversários, o egoísmo e a maldade dos homens. Deste livro, nasceu a lenda estúpida que faz de mim um ser cínico e cruel, uma espécie de Maquiavel no papel de um cardeal de Retz: quando sou apenas um escritor, um artista, um homem livre que sofre mais os males de outros do que os seus próprios.

Este meu *Técnicas de golpes de Estado*, que apareceu em Paris em 1931 (da Bernard Grasset, na colecção *Les écrits*, editada por Jean Guéhénno), está agora para ser impresso pela primeira vez na Itália, e reimpresso na França, por ocasião do centenário do *Manifesto comunista* de 1848. É um livro, a esta altura, famoso, "um clássico", como dizem os críticos franceses, e está tão vivo e válido hoje como estava vivo e era válido ontem. E quem me censuraria por não ter incluído nesta primeira edição italiana, e na nova edição que, neste momento, apareceu na França, algum novo capítulo sobre a revolução republicana espanhola, a revolução de Franco (1892-1975), sobre a recente "defenestração" de Praga (e sobre os golpes de Estado que estão sendo preparados aqui e ali na Europa), mostraria não compreender que esses acontecimentos, posteriores ao primeiro surgimento deste livro, nada trazem de novo à moderna técnica do golpe de Estado. A técnica revolucionária é de fato ainda hoje, na Europa, aquela que estudei e descrevi nestas páginas. Algum progresso, no entanto, aparece na técnica moderna de defesa do Estado. Parece que todos os homens de governo (se é que leem livros) leram estas minhas páginas e souberam tirar proveito dos ensinamentos que elas contêm. Teremos, assim, que atribuir a este meu livro o mérito por tal progresso? Ou melhor, pela lição dos acontecimentos dos últimos anos?

O célebre senhor Jean Chiappe (1878-1940), criador da complexa máquina estatal francesa para a defesa da República e das liberdades republicanas, a quem enviei em homenagem, em 1931, uma cópia do *Técnicas de golpes de Estado* com a dedicatória "*A Monsieur Jean Chiappe, technicien du coup d'arrêt*" ["Ao senhor Jean Chiappe, especialista em impedir golpes"], aproveitou a ocasião para me escrever que meu livro era tão perigoso nas mãos dos inimigos da liberdade, tanto à direita como à esquerda, quanto era precioso nas mãos de estadistas, aos quais cabia a responsabilidade de defender as liberdades democráticas. Ele acrescentou em sua carta: "*Vous apprenez aux hommes d'État à prévoir les phénomènes révolutionnaires de notre temps, à les comprendre, à empêcher les séditieux de s'emparer du pouvoir par la violence*" ["Você ensina estadistas a prever os fenômenos revolucionários de nosso tempo, a entendê-los, a impedir que os sediciosos tomem o poder pela força"].

É provável que os defensores do Estado tenham tirado muito mais proveito da lição dos acontecimentos do que da leitura de meu livro. Mas não seria um mérito pouco significativo para estas páginas, mesmo que elas apenas tenham ensinado aos defensores da liberdade como interpretar os acontecimentos e qual a lição que se deve colher deles.

Proibida na Itália por Mussolini, a obra *Técnicas de golpes de Estado* é hoje uma novidade para o leitor italiano, à qual a situação internacional e a interna de nosso país infelizmente acrescentam um interesse muito atual. Penso que não será inútil, a esta altura, alertar o leitor italiano de que este meu livro não só estava, naquele momento, proibido apenas na Itália, mas também na Alemanha, Áustria, Espanha, em Portugal, na Polônia, Hungria, Romênia, Iugoslávia, Bulgária, Grécia, em todos esses Estados, isto é, onde, fosse pela vontade de um ditador, fosse pela corrupção das instituições democráticas, as liberdades públicas e privadas encontravam-se sufocadas ou suprimidas.

Incomum e arriscado, o destino deste meu livro! Proibido pelos governos totalitários, que viam no *Técnicas de golpes de Estado* uma espécie de "manual do revolucionário perfeito"; indexado por governos liberais e democráticos, para os quais ele nada mais era do que um "manual da arte de tomar o poder com violência", e, ao mesmo tempo, um "manual da arte de defender o Estado"; acusado de fascismo pelos trotskistas, e pelo próprio Trótski, e de trotskismo por certos comunistas, que não suportam ver o nome de Trótski misturado com o de Lênin e, mais importante, com o nome de Stalin: não é, porém, menos verdadeiro que raramente um livro suscitou tantas discussões, tantas paixões contrárias. Raras vezes um livro serviu tão bem, e de forma tão gratuita, ao bem e ao mal. A esse respeito, permita-me recordar um caso muito singular, sobre o qual os jornais da época fizeram um grande barulho. Quando o príncipe Starhemberg (1899-1956) foi preso em seu castelo em Tiralo por ordem do chanceler austríaco Dolfuss (1892-1934), sob a acusação de conspiração contra o Estado, foi encontrado em sua casa, *horresco referens**, um exemplar de meu livro. O chanceler Dolfuss aproveitou esse pretexto para proibir o *Técnicas de golpes de Estado* na Áustria. Mas no dia em que Dolfuss foi assassinado pelos nazistas, os jornais de Viena anunciaram que uma cópia de meu livro havia sido achada sobre sua escrivaninha. Certamente uma cópia intacta. Pois se Dolfuss tivesse lido meu livro e soubesse como tirar proveito dele, é provável que ele não tivesse encontrado esse fim.

Escrevi o *Técnicas de golpes de Estado* nos últimos meses de 1930, em Turim, quando ainda era diretor do *Stampa*. O original foi levado a Paris, ao editor Bernard Grasset, por Daniel Halévy, que veio buscá-lo em Turim – eu não tinha coragem para cruzar a fronteira carregando aquelas páginas comigo. Em março de 1931, quando o livro estava prestes a sair, fui à França, a conselho de Bernard Grasset e Halévy, para me proteger das possíveis reações de Mussolini.

Como Mussolini reagiu ao meu *Técnicas de golpes de Estado*? Ele gostou do livro, mas não o engoliu. Em uma dessas contradições inerentes a seu caráter, ele proibiu a edição italiana, mas permitiu que os jornais falassem amplamente sobre ela. Um belo dia, sem mais nem menos, a imprensa italiana recebeu ordens para não falar mais do meu livro, nem para o bem nem para o mal. O que aconteceu nesse meio-tempo?

Publicado na Alemanha em 1932, ou seja, muito antes da chegada de Hitler ao poder, o *Técnicas de golpes de Estado* (edição alemã, *Des Staatsstreichs*, Tal Verlag, Leipzig e Viena, 1932), que é o primeiro livro a aparecer na Europa contra Hitler, trouxe uma importante contribuição à propaganda antinazista. Durante as eleições políticas alemãs do outono de 1932, os muros de todas as cidades e de todos os vilarejos da Alemanha apareceram cobertos com grandes cartazes da Frente Democrática Antinazista, nos quais, sob o título "Como o escritor italiano Curzio Malaparte julga Hitler e o nazismo", as frases mais insolentes do capítulo sobre Hitler foram impressas em letras garrafais. Cópias desses cartazes me

---

* "Tremo ao contá-lo." (N. da T.)

foram enviadas, como prova de meu crime, pelo chefe do Gabinete de Imprensa do Chefe do Governo, Landò Ferretti (1895-1977), acompanhadas destas simples palavras: "Olha o que fizeste!". Algum tempo depois, na cela número 471 do 4º Braço do Regina Coeli, tomei conhecimento do que havia feito.

Nunca conheci Hitler, jamais me aproximei dele. Mas eu o discerni, ou melhor, eu o "adivinhei". O retrato de Hitler, desenhado por mim como uma mente maligna e com uma mão muito severa, revelou Hitler aos próprios alemães, enquanto eram escritos o *Frankfurter Zeitung** e o *Berliner Tagesblatt***. Discussões apaixonadas evocaram minha profecia, que se concretizou em janeiro de 1933, de que Hitler não tomaria o poder por um golpe de Estado, mas por um compromisso parlamentar; e minha outra profecia, que se concretizou pouco depois, em junho de 1934, de que Hitler, com violência implacável, exterminaria a ala extrema de seu próprio partido.

Não surpreende, portanto, que Hitler, logo que chegou ao poder, apressou-se em mandar condenar meu livro, por decreto do Gauleiter da Saxônia***, a ser queimado na praça pública de Leipzig, pela mão do carrasco, segundo o rito nazista. O meu *Técnicas de golpes de Estado* foi lançado ao fogo na mesma pira em que tantos livros foram reduzidos a cinzas, condenados por motivos políticos ou raciais. Não contente em queimar meu livro, Hitler pediu minha cabeça a Mussolini e a conseguiu.

A perplexidade, na Itália e fora da Itália, foi enorme. Era a primeira vez que um escritor italiano ia preso não por "conspiração", mas por sua obra literária. Para o *Times* e para o *Manchester Guardian*, que tomaram minha defesa, julgando meu caso pessoal como um indicador muito sério da real situação da literatura na Itália, Mussolini fez o *Popolo d'Italia* e o *Tevere* de 6 de outubro de 1933 responderem que minha prisão "não passava de uma medida da administração ordinária".

Fui, então, preso, trancado em uma cela em Regina Coeli e condenado "a cinco anos de reclusão em Lipari por 'manifestações antifascistas no exterior'" (declaração oficial da *Agência Stefani* de 11 de outubro de 1933). As provas contra mim

---

* Jornal de língua alemã de circulação em âmbito nacional entre 1856 e 1943. Durante o Terceiro Reich, foi considerada a única publicação não controlada por Joseph Goebbels e pelo Ministério da Propaganda. (N. da T.)

** Jornal de língua alemã que circulou em Berlim de 1872 a 1939. (N. da T.)

*** O Gau Saxony foi uma divisão administrativa da Alemanha nazista no estado alemão da Saxônia. O Gauleiter (era a denominação alemã para um líder provincial, no caso do Terceiro Reich, era uma espécie de prefeito virtual, cujo papel era denunciar problemas e sucessos das práticas ali aplicadas. (N. da T.)

eram: uma cópia do *Técnicas de golpes de Estado*, na qual o próprio Mussolini havia marcado as sentenças incriminatórias com um lápis vermelho; os cartazes da Frente Democrática Antinazista alemã; uma carta que muitos meses antes eu escrevera a um amigo já falecido, na qual, em nome de todos os escritores italianos, eu defendia a liberdade da arte e da literatura e expressava um severo julgamento sobre a atitude de Balbo (1896-1940) – carta que fui levado a escrever na sequência de um apelo, enviado a mim, em Paris, por Elio Vittorini, para retornar à Itália a fim de assumir publicamente a defesa da liberdade literária e da dignidade dos escritores italianos, marcadas por insultos e ameaças da imprensa fascista; e, por fim, um artigo, abertamente hostil a Mussolini e a Hitler apareceu nas *Nouvelles Littéraires* de março de 1933, com o título: "Immortalità du Guichardin".

Perante as calúnias e a má-fé de alguns, que se tornaram hoje, em total descaramento, os mais puros heróis da liberdade, é bom que se digam certas coisas, e eu as digo. E como alguns cavalheiros espalharam o boato de que, após o exílio, eu voltaria às boas graças de Mussolini, convém que, finalmente, sejam tornados públicos, de uma vez por todas, alguns fatos que só meus amigos conhecem, fatos esses que até o momento tenho desprezado, os quais não tenho usado não por orgulho, mas por honesta indiferença pela calúnia.

Após três anos de exílio, minha sentença foi comutada para dois anos de vigilância especial. Libertado em 1938, desde então sofri todas as perseguições policiais excessivamente mesquinhas e superficiais, bem conhecidas daqueles que foram "libertados" da prisão ou do exílio. Devido a seu complexo de inferioridade em relação a todos aqueles que, de uma forma ou de outra, havia ofendido, Mussolini nunca me perdoou por me mandar para a cadeia. (De minha parte, agora que ele está morto, eu o perdoei. Tenho muitas e boas razões para ser cristão.) A primeira atitude dele, portanto, foi me proibir não só de residir em Prato, onde tinha minha família, como em Forte dei Marmi, isto é, em minha casa, e até mesmo de passar lá algumas horas.

Cabia a mim, para qualquer coisa, pedir autorização especial à polícia. Quando minha pobre e querida Eugenia Baldi, que havia sido uma mãe para mim, morreu, não cheguei a tempo de vê-la partir. Quando cheguei a Prato, após finalmente conseguir permissão do quartel-general da polícia, ela já estava morta fazia dois dias. Ele, dessa forma, não só se recusou a me dar meu passaporte, para me impedir de voltar a Paris, onde meus amigos franceses me aconselhavam a me refugiar, como também me proibiu de ir para as regiões fronteiriças: eu não poderia ultrapassar Gênova, Turim, Milão nem Verona.

Em 1936, ou seja, dois anos antes das leis raciais, Mussolini ordenou uma investigação para determinar se eu era judeu, com a esperança de talvez obter mais um argumento que justificasse, diante de sua consciência, seu comportamento mesquinho e injusto para comigo: tal era o grau de degradação de seu complexo de inferioridade. Essa investigação, que ele solicitou com suas repetidas intervenções pessoais com o chefe de polícia (possuo os documentos, incluindo a transcrição de seu próprio punho de um fonograma dele para o chefe de polícia que dizia: "Mas, afinal, ele é ou não é judeu?"), estabeleceu de modo irrefutável que nem meu pai nem minha mãe, nem meus avós, nem meus bisavós foram, de qualquer forma, responsáveis por meu *Técnicas de golpes de Estado*. Apesar disso, ele ordenou uma nova investigação em 1938, por ocasião das leis raciais, para o grande espanto de Dino Alfieri (1886-1966), então Ministro da Cultura Popular, a quem ele encarregara daquela inquisição sem fundamento e ridícula. Infelizmente, eu nem sequer era judeu!

Não bastava para ele que eu fosse estritamente supervisionado por ordem sua, toda vez que algum líder nazista ia a Roma, Mussolini mandava me prender "por medidas de segurança pública". Eu era perigoso e não sabia! Assim, tanto para a visita de Hitler, em maio de 1938, quanto para as de Goebbels, Himmler (1900-1945) e Goering (1893-1946), comecei a passar longos dias na prisão, onde, a cada vez, eu encontrava meus antigos companheiros de Regina Coeli, quase todos velhos republicanos ou muito jovens comunistas de Testaccio e Trastevere. Foi por essa razão que, a conselho de Galeazzo Ciano (1903-1944), eu me estabeleci em Capri, longe de Roma, e longe das regiões que o trem de Brennero atravessa para descer ao Tibre. Mas nem em Capri eu ficava em paz: o comissário do P. S., Morini, e depois seu sucessor, Fortunato, receberam ordens para me monitorar e realizar buscas frequentes em minha casa.

A afetuosa amizade de Galeazzo Ciano (que tantos escritores, tantos artistas, tantos judeus, tantos opositores políticos defenderam contra o próprio Mussolini) nunca conseguiu impedir que eu fosse tão mesquinhamente perseguido. Sua amizade, no entanto, me foi de grande ajuda: visto que muitos, que a princípio fingiam não me ver, ou não me reconhecer (todos os heróis da liberdade, hoje), sabendo que Galeazzo Ciano era meu amigo, cumprimentavam-me e sorriam para mim. E ele foi de grande ajuda para meus próprios amigos: os quais muitos, judeus e não judeus, que agora me censuram por essa amizade, como se houvesse algo desonroso nesse sentimento, totalmente pessoal, recorreram a mim para comover Galeazzo Ciano para defendê-los, protegê-los, salvá-los.

Em 1939, Aldo Borelli (1890-1965) propôs que eu fosse para a Etiópia como correspondente especial do *Corriere della Sera*. Após longas negociações entre o Ministério da Cultura Popular, o Ministério do Interior e Aldo Borelli, diretor do *Corriere della Sera*, que, apoiado por Galeazzo Ciano, não só não me abandonou como fez tudo o que pôde para tentar mitigar as perseguições a que fui exposto, finalmente obtive permissão para ir para a Etiópia. Mussolini, porém, deu ordens para que eu fosse acompanhado por um policial, o doutor Conte, pessoa, felizmente para mim, séria, honesta e, acrescento, de bom coração, que se colocou a meu lado e não se afastou um palmo de mim durante toda aquela longa e cansativa viagem de mais de 3 mil quilômetros pela Etiópia.

Mussolini, sem dúvida, temia que eu desembarcasse escondido em Port Said ou em Suez, ou que eu chegasse à França via Djibuti. Rumo à Port Said, na ida, e no rumo à Suez, na volta, fui mantido trancado em uma cabine e vigiado até que, ao sair do Canal de Suez, já não estávamos mais em alto-mar. Tenho os relatórios que o doutor Conte enviava regularmente a Mussolini para repetir-lhe minhas palavras mais inocentes e informá-lo das precauções que julgou conveniente tomar para impedir minha fuga.

Durante essa viagem, aconteceu-me um caso muito singular. Em Gondar, eu havia decidido chegar a Adis Abeba através do Goggiam (uma viagem de cerca de mil quilômetros no lombo de uma mula), mas, embora a guerra na Etiópia já tivesse terminado havia quatro anos, a revolta em Goggiam grassava ferozmente, e a minha viagem, julgada insana, foi-me proibida pelo governador militar de Gondar. Ao saber, no entanto, que o 9º Batalhão Eritreu, comandado pelo capitão Renzulli, um bravo soldado da Puglia, teria tentado, desde as margens do lago Tana, penetrar no Goggiam para abastecer aquelas nossas guarnições, isoladas e sitiadas durante muitos meses, e, para chegar a Adis Abeba por Debra Marcos, consegui me juntar a esse batalhão. Fui, então, para o lago Tana e parti com o 9º Batalhão da Eritreia, sempre com o doutor Conte muito próximo a mim.

No primeiro dia, tudo correu bem, mas, por volta do pôr do sol, nossa coluna foi atacada por uma horda de vários milhares de rebeldes etíopes. Eu estava desarmado e não podia me defender. Assim, pedi ao agente de polícia, de quem eu era praticamente prisioneiro, permissão para pegar o fuzil de um ascaro*, morto a poucos passos de mim. O doutor Conte, depois de muitas objeções,

---

* A palavra "ascaro" (*askari*) refere-se a soldados naturais da África Oriental e do Oriente Médio que se alistaram nas antigas tropas coloniais italianas. (N. da T.)

concedeu-me essa permissão, e desse modo, tendo apanhado a espingarda do cadáver, pude defender-me dos agressores, ao lado de meu anjo da guarda, que disparava contra os rebeldes sem sequer apontar, tão preocupado estava em não me perder de vista por um só instante. Por nossa conduta naquele confronto sangrento, o doutor Conte e eu fomos condecorados com a cruz de guerra em campo.

Durante aquela minha "Volta à Etiópia em 80 dias", viajei, portanto, como Phileas Fogg, acompanhado por um policial, a quem provavelmente devo minha vida. Pois se o doutor Conte, em vez de me deixar pegar o fuzil de um morto, tivesse me algemado naquele momento perigoso, sem dúvida eu teria pago muito caro pela imprudência de ter escrito *Técnicas de golpes de Estado*.

A fama daquele enviado especial do *Corriere della Sera*, que viajou pela Etiópia praticamente preso, levado pelo braço de um policial, precedido por telegramas codificados que recomendavam às autoridades que garantissem que ele não tentasse escapar, muito bem vigiado, dia e noite, pela Polícia Colonial, espalhou-se pelo Império, criando para mim uma situação intolerável e despertando a indignação de todas as pessoas decentes, dentre as quais lembro-me, com afetuosa gratidão, do governador Daodiace (1882-1952). Quanto a isto não há dúvida: depois de meu exílio, ao contrário de muitos heróis da liberdade, voltei verdadeiramente às boas graças de Mussolini.

Tenho, é claro, como provar a verdade de tudo o que venho dizendo até agora. Possuo a documentação oficial de todas as perseguições mesquinhas a que fui exposto de 1933 a 1943 por ordem pessoal de Mussolini. Ela me foi entregue no formato de cópia fotográfica pelo Comando Supremo Aliado na Itália, com o intuito de me permitir, se necessário, provar, de maneira irrefutável, a exatidão de minhas declarações.

Em 1940, poucos dias antes da declaração de guerra, fui chamado às armas e enviado ao front como capitão do 5º Alpini*. Imediatamente protestei no Ministério da Guerra. Em minha condição de condenado político, por força do Estatuto do PNF**, que tinha força de lei, eu havia sido "banido da vida civil". Em meu protesto, pedi que, tendo sido banido da vida civil, também fosse logicamente banido da vida militar.

---

* Os Alpini eram tropas de montanha do exército italiano, um corpo de infantaria especializado na guerra em terreno montanhoso. (N. da T.)
** Partido Nacional Fascista. (N. da T.)

Em vez de me colocar em licença, como eu esperava, ou de me mandar de volta a Lipari, como muitos esperavam, Mussolini, talvez com a intenção de obrigar-me a me comprometer, transferiu-me para o "núcleo" dos correspondentes de guerra, que era empregado do Gabinete P. do Estado-Maior, composto por escritores e jornalistas, que usavam o uniforme do exército, cada um com sua patente, e eram submetidos à mesma disciplina militar a que estavam sujeitos os oficiais das unidades de combate.

Fui, portanto, enviado para o front como capitão correspondente de guerra do *Corriere della Sera*, juntamente com os numerosos correspondentes dos outros jornais, muitos dos quais agora militam nos vários partidos políticos sem que ninguém sequer o imagine, e é correto recriminá-los por terem sido correspondentes de guerra. Para não se comprometerem, alguns, e sei que hoje são comunistas lá na essência, não fizeram nada além de parafrasear em seus artigos os comunicados de imprensa dos gabinetes de propaganda alemão e italiano, quando não aplaudiam as vitórias de Hitler. Quanto a mim, comprometi-me tanto que no outono de 1941 fui expulso da frente russa pelas autoridades alemãs (que não queriam saber de mim, e posso provar), apesar dos protestos do marechal Messe (1883-1968), comandante do CSIR*, por minha correspondência claramente desfavorável à Alemanha, que suscitou espanto e clamor imensos na Itália, como todos sabem.

Acompanhado até a fronteira italiana, fui condenado a quatro meses de prisão domiciliar por ordem de Mussolini, que, apesar disso, permitiu que meus artigos fossem publicados. Desnecessário dizer que tenho provas do que estou afirmando. Quatro meses depois, fui enviado de volta ao front na Finlândia com o exército finlandês. Quando Mussolini caiu, em julho de 1943, voltei à Itália, como muitos outros correspondentes de guerra do front norte. Minha longa temporada de tédio e tribulações terminara. Como se sabe, desde o desembarque aliado em Salerno, em 1943, até 1945, fiz parte como voluntário do Corpo de Libertação Italiano; em seguida, fui nomeado oficial de ligação no Comando Supremo Aliado, participei dos combates de Cassino, da libertação de Roma, da luta

---

* *Corpo di Spedizione Italiano in Russia*. O CSIR foi criado pelo ditador italiano Benito Mussolini para mostrar solidariedade com a Alemanha nazista depois que o ditador alemão Adolf Hitler lançou a Operação Barbarossa e atacou a União Soviética. Tratava-se de uma grande unidade do *Regio Esercito* (Exército Italiano), cujo objetivo era ter uma unidade móvel para lutar em frentes onde a mobilidade era essencial. O CSIR passou a integrar o recém-formado Exército Italiano na Rússia. (N. da T.)

na Linha Gótica. Em agosto de 1944, como oficial de ligação entre as tropas americanas e canadenses e a divisão de guerrilha "Possente", durante a sangrenta luta pela libertação de Florença (o comandante comunista da Divisão "Possente" morreu em Oltrarno a poucos passos de mim), fui processado, por minha conduta, pelo Comando Aliado Supremo.

Na Inglaterra, na América, na Polônia, na Espanha, na Espanha republicana de 1931, meu *Técnicas de golpes de Estado* foi recebido com apoio geral. Mesmo a imprensa liberal e democrática anglo-saxônica, do *New York Times* ao *New York Herald*, do *Times* e do *Manchester Guardian* ao *New Statesman and Nation*, não teve senão elogios para "os propósitos morais" do meu livro (traduzido para o inglês por Sylvia Sprigge), embora acolhesse com reserva minha tese de que "assim como todos os meios são bons para suprimir a liberdade, todos os meios são bons para defendê-la". Quando, em 1933, fui a Londres, minha recepção foi feita com aquela simpatia que os ingleses concedem aos homens livres.

Na França, de Charles Maurras (1868-1952) e Léon Daudet (1867-1942) a Jacques Bainville (1879-1936), de Pierre Descaves (1924-2014) a Émile Buré (1876-1952), do *Action Française* ao *Humanité*, do *République* ao *Populaire* de Léon Blum (1872-1950), do católico *Croix* ao *Figaro*, do *Echo de Paris* ao *La gauche* etc., etc., o coro de elogios não foi perturbado por nenhuma voz desafinada.

Enquanto a extrema-direita usava meu livro como pretexto para denunciar os perigos da situação na Alemanha e na Espanha (Jacques Bainville, Action Française, de 31 de julho de 1931) a fim de chamar a atenção dos defensores da liberdade para a fraqueza do Estado liberal e democrático (Henri de Kérillis (1889-1958), Echo de Paris, de 5 de agosto de 1931), ou mesmo para criticá-lo, muito estranhamente, com Paul Valéry (1871-1945), "*nigaud de bureau aux airs profonds, hydrocéphale pour cimetière marin*" [um burocrata incompetente com ar de sagacidade, um hidrocéfalo para um cemitério marinho] (Léon Daudet, Action Française, 12 de agosto de 1931), a extrema-esquerda usava-o para atacar Trótski.

O embaixador da URSS em Paris me enviou, por meio de meu editor, Bernard Grasset, o convite do governo de Moscou para que eu fosse à Rússia, como seu convidado, para uma estada de seis meses, a fim de estudar de perto a vida soviética. Um convite que eu educadamente recusei por motivos óbvios. Os exilados alemães (foram os primeiros), como Simon (1880-1941), diretor do *Frankfurter Zeitung*, e Teodoro Wolff (1868-1943), trouxeram-me saudações dos alemães antinazistas a Paris. Ensaios e escritos sobre o *Técnicas de golpes de Estado* apareceram na Europa e na América. Gosto particularmente de recordar-me do livro que o escritor alemão Hermann Rauschning (1887-1982), autor do famoso *Hitler mi ha detto*, dedicou, com o título *La rivoluzione del nihilismo*, à discussão da tese fundamental de meu livro.

Nesse coro de elogios, uma única voz discordante: a de Leon Trótski, que me atacou violentamente no discurso que fez em outubro de 1931, na rádio de Copenhague. Após seu exílio no Cáucaso, Trótski foi expulso da Rússia e se refugiou na ilha de Prinkip, no mar de Marinara, em frente de Constantinopla. No outono de 1931, ele decidiu se estabelecer em Paris. Mas, ao ter recusada sua permissão de residência na França, ele escolheu o México como local de seu exílio e, antes de deixar a Europa, aceitou o convite da rádio de Copenhague, que lhe ofereceu a oportunidade de responder publicamente às acusações de Stalin.

Foi a primeira vez, depois da Revolução de Outubro de 1917, que Trótski falou na Europa para a Europa: a expectativa por seu discurso anunciado era enorme. Lamentavelmente, ele falou apenas de Stalin e de mim. Eu fiquei, não menos que Stalin, profundamente desapontado. Grande parte de seu discurso (cujo texto foi publicado no *La cloche*, jornal trotskista de Paris) foi dedicada a meu *Técnicas de golpes de Estado*: Trótsky cuspiu em Stalin e vomitou em mim. Naquela mesma noite, eu lhe telegrafei o seguinte: *"Pourquoi mêlez vous mon nom et mon livre à vos histoires personalles avec Staline? Stop. Je n'ai rien à partager ni avec vous ni avec Staline. Stop. Curzio Malaparte."* ["Por que está colocando meu nome e meu livro no meio de suas questões pessoais com Stalin? Ponto. Não tenho nada a ver com você ou com Stalin. Ponto. Curzio Malaparte."] Trótski me respondeu imediatamente com este telegrama: *"Je l'espère pour vous. Stop. Leon Trótski."* ["Assim espero, para seu próprio bem. Ponto. Leon Trótski."]

Mas, entre todas as vozes que saudaram o aparecimento deste meu livro, há uma que me é cara: a de Jean-Richard Bloch (1884-1947). O leitor italiano talvez não saiba quem é Jean-Richard Bloch. Ele é um dos heróis do comunismo francês. Tendo fugido durante a guerra em Moscou, dirigiu a propaganda em língua francesa naquela rádio. Retornando a Paris após a libertação, fundou ali o jornal *Ce soir*. Ao morrer, foram concedidas a ele honras do triunfo.

Embora comunista, Jean-Richard Bloch não era nem um sectário nem um fanático: ele entendera o sentido de meu livro e a importância não apenas do problema político, mas moral, que ele coloca aos defensores da liberdade. Desde que nos conhecemos em Paris, em 1931, ele sempre me deu mostras de sua fiel simpatia. Alguns comunistas talvez o repreendam por sua simpatia por mim. Como, aliás, poderiam admitir que um comunista, cujos restos mortais tiveram a honra de serem celebrados, que um herói da liberdade, do qual o Partido Comunista francês garantiu a exclusividade "para todos os países, incluindo a Suécia e a Noruega", poderia ter dado prova de retidão moral para com um homem livre? (E digo homem livre porque era assim que o próprio Bloch me considerava.)

Jean-Richard Bloch me escreveu em 20 de novembro de 1931 de sua residência em La Mérigote, perto de Poitiers:

> Li com grande interesse o livro que você teve a gentileza de me enviar. Se é verdade, como creio eu, que a tarefa preliminar que incumbe aos intelectuais no início da contemporaneidade – a agonia dos tempos modernos – é "nomear as coisas", limpar a mente, expelir palavras mortas, conceitos desgastados, formas ultrapassadas de pensar, abrindo caminho para concepções de representações exatas de um mundo inteiramente renovado, você cumpriu sua parte da tarefa comum com maestria excepcional.
>
> Ao dissociar ideias tão diferentes quanto programa revolucionário e tática insurrecional – ideologia e técnica – acertou em cheio. Você torna possível para nós entender e compreender certos fatos veementemente. Você contribui para nossa visão clara dos novos tempos. Só um marxista poderia fazer isso. Somente, você diz, um marxista pode ter sucesso em um golpe hoje. Ampliando sua ideia, eu acrescentaria que só um marxista pode escrever um romance ou um drama que "estampe" o mundo real, em vez de flutuar em torno dele como uma roupa frouxa.
>
> As reflexões em que você nos envolve são infinitas em número. E todas do tipo mais substancial. Gosto também do tom livre e alegre com que fala destas coisas, em que o desdém pelo homem é a arma do amor ao homem. Se é preciso dizer, reconheço no som de sua voz o que mais amo e aprecio na extrema inteligência italiana. São poucos os povos por quem sinto uma afeição mais profunda do que a vocês. Seu defeito é o verbalismo vazio, assim como a indulgência dos franceses é um sentimentalismo insípido, e a dos alemães é uma sistemática falaciosa. Mas quando um italiano se atreve a ser incisivo,

ele é o mais incisivo do mundo. Em nenhum outro lugar encontrei inteligências mais verdadeiras e autênticas do que em seu país, ainda tão pouco conhecido e tão mal julgado. Isso significa que respiro em seu livro uma atmosfera que me é familiar e benéfica: a atmosfera de um homem livre. É singular escrever isso sobre uma obra, em que se trata apenas dos meios de asfixiar a liberdade. Nunca se ensinou mais independência sobre o assassinato da independência.

Devo me abster de entrar nos detalhes das reflexões que minha leitura suscitou. Do contrário não seria uma carta, e sim um livro. Basta dizer que, entre milhares de outros pontos, compartilho de seus sentimentos ásperos em relação a Hitler. Pode ser que o evento nos desminta, você e eu, e nos ensine um dia que esse enfático austríaco, ardiloso e covarde, escondia uma tática nova e eficaz.

Na história, os eventos não se repetem. Goethe estava certo ao dizer que os eventos históricos são às vezes homólogos, mas nunca análogos. Eu estava muito enganado, não sobre o valor próprio, mas sobre o valor relativo de Mussolini, que conheci um pouco em 1914. No entanto, estou propenso a compartilhar seu sentimento.

Surpreende-me, no entanto, ver você censurar Hitler, como sinais da sua fraqueza, pela perseguição da liberdade de consciência, do sentimento de dignidade pessoal, da cultura; e seus métodos policiais, sua prática de delação. Mussolini não fez o mesmo?

Mussolini fez o mesmo, caro Jean-Richard Bloch, comigo e com tantos outros como eu, melhores do que eu. Talvez tivessem razão, talvez tenham razão todos aqueles que, ainda hoje, nesta Europa livre de Hitler e Mussolini, desprezam e perseguem os homens livres, tentando sufocar o sentimento de dignidade pessoal, de liberdade de consciência, de independência da arte e da literatura. Como sabemos se intelectuais, escritores, artistas, homens livres não são uma raça perigosa, inútil até, uma raça amaldiçoada? "*Que sais-je?*" [Que sei eu?], dizia Montaigne.

Mas por que se voltar com rancor para o passado, quando o presente certamente não é melhor e o futuro nos ameaça? De todos os problemas e perseguições que este livro me rendeu, talvez eu lembrasse deles com gratidão se estivesse convencido de que estas minhas páginas contribuíram, ainda que pouco, para a defesa da liberdade na Europa, não menos em perigo hoje do que esteve ontem, do que estará amanhã.

Não é verdade, como se queixava Jonathan Swift (1667-1745), que nada se ganha defendendo a liberdade. Há sempre algo a ganhar: nem que seja essa consciência da própria escravidão, pela qual o homem livre se distingue dos outros. Já que "o que é próprio do homem", como escrevi em 1936, "não é viver livre em liberdade, mas livre na prisão".

CURZIO MALAPARTE
Paris, maio de 1948

Embora eu me proponha mostrar como se conquista e se defende um Estado moderno, não se pode dizer que este livro pretende ser uma imitação de *O Príncipe*, de Maquiavel, ainda que seja uma imitação moderna, ou seja, pouco maquiavélica. Os tempos a que se referem os argumentos, os exemplos, os juízos e a moral de *O Príncipe* foram de tão grande decadência das liberdades públicas e privadas, da dignidade civil e do respeito humano, que seria ofensivo ao leitor, homem livre, tomar a famosa obra de Maquiavel como modelo para lidar com alguns dos problemas mais importantes da Europa moderna.

A história política dos últimos dez anos não é a história da implementação do Tratado de Versalhes, nem das consequências econômicas da guerra, nem dos esforços dos governos para assegurarem a paz na Europa, mas a história da luta entre os defensores do princípio da liberdade e da democracia, ou seja, do Estado parlamentar, e seus adversários. As atitudes dos partidos são apenas os aspectos políticos dessa luta; e só deste ponto de vista devem ser considerados se quisermos compreender o significado de muitos acontecimentos dos últimos anos e prever a evolução da atual situação interna de alguns Estados europeus.

Em quase todos os países, ao lado dos partidos que se declaram defensores do Estado parlamentarista e partidários de uma política interna de equilíbrio, ou seja, liberal e democrática (estes são os conservadores de todos os tipos, dos liberais de direita aos socialistas de esquerda), há os partidos que colocam o problema do Estado no terreno revolucionário. Esses são os partidos de extrema-direita e extrema-esquerda, os catilinários, ou seja, os fascistas e os comunistas. Os catilinários de direita temem o perigo da desordem: acusam o governo de fraqueza, incapacidade e irresponsabilidade, defendem a necessidade de uma férrea organização estatal e de controle estrito de toda a vida política, social e econômica. Eles são os idólatras do Estado, os partidários do absolutismo estatal. No Estado centralizador, autoritário, antiliberal e antidemocrático, esses fatores consistem na única garantia de ordem e liberdade, a única defesa contra o perigo comunista. "Tudo no Estado, nada fora do Estado, nada contra o Estado", diz Mussolini. Os catilinários de esquerda visam à conquista do Estado para instaurar a ditadura da classe proletária. "Onde há liberdade não há Estado", declara Lênin.

O exemplo de Mussolini e Lênin exerce grande influência sobre os aspectos e desdobramentos da luta entre os catilinários de direita e de esquerda e os defensores do Estado liberal e democrático. Há, sem dúvida, uma tática fascista e uma tática comunista: mas é preciso observar, a esse respeito, que nem os catilinários nem os defensores do Estado demonstraram, até agora, saber em que consiste uma e outra, se existe alguma analogia entre elas e quais são suas características específicas. A tática seguida por Béla Kun (1886-1938) não tem nada em comum com a bolchevique. A tentativa revolucionária de Kapp nada mais é do que uma sedição militar. Os golpes de Estado de Primo de Rivera (1870-1930) e de Pilsudski parecem ter sido concebidos e executados segundo as regras de uma tática tradicional, que não têm analogia com a fascista. Béla Kun pode parecer, quem sabe, um estrategista mais moderno, mais técnico e, portanto, mais perigoso do que os outros três, mas também ele, ao colocar-se o problema da conquista do Estado, mostra que desconhece que não existe apenas uma tática insurrecional moderna, mas uma técnica moderna de golpe de Estado. Béla Kun pensa que está imitando Trótski, e não percebe que se manteve pelas regras estabelecidas por Marx (1818-1883) no exemplo da Comuna de Paris de 1871. Kapp tem a ilusão de poder repetir o golpe do 18 de brumário contra a Assembleia de Weimar. Primo de Rivera e Pilsudski acreditam que, para assumir um Estado moderno, basta derrubar um governo constitucional à mão.

É claro que tanto os catilinários quanto os governos ainda não levantaram a questão de saber se existe uma técnica moderna de golpe de Estado e quais são suas regras fundamentais. Os governos continuam a se opor à tática revolucionária dos catilininários com uma tática defensiva que revela a absoluta ignorância dos princípios elementares da arte de conquistar e defender o Estado moderno. Só Bauer, chanceler do Reich em março de 1920, mostrou ter entendido que, para defender o Estado, é preciso conhecer a arte de dominá-lo.

Contra a tentativa revolucionária de Kapp, o chanceler Bauer, homem de características medíocres, educado na escola marxista, mas, no fundo, conservador, como qualquer bom alemão de classe média, não hesitou em usar a arma da greve geral: ele foi o primeiro a aplicar, em defesa do Estado, a regra fundamental da tática comunista. A arte de defender o Estado moderno é regulada pelos mesmos princípios que regem a arte de conquistá-lo: é o que se pode chamar de fórmula de Bauer. Certamente a concepção do honesto chanceler do Reich não é a de Fouché (1759-1820). Implícita em sua fórmula está a condenação dos sistemas policiais clássicos, aos quais os governos recorrem em algumas circunstâncias e contra qualquer perigo, sem fazer distinção alguma entre um motim surburbano e uma revolta de quartel, entre uma greve e uma revolução, entre uma conspiração parlamentar e uma barricada. É conhecida a apologia que Fouché fazia de seus sistemas, com a qual afirmou ser capaz de provocar, prevenir ou suprimir perturbações de qualquer tipo. Mas qual a serventia hoje dos sistemas de Fouché contra as táticas comunistas ou as fascistas?

É curioso notar, a esse respeito, que a tática seguida pelo governo do Reich para conter e sufocar a sedição hitlerista nada mais é do que a aplicação pura e simples dos sistemas policiais clássicos. Para justificar a política do governo do Reich em relação a Hitler, diz-se, na Alemanha, que Bauer contra Hitler não seria o mesmo que Bauer contra Kapp. Sem dúvida há uma enorme diferença entre as táticas de Kapp e as de Hitler: mas o melhor juiz da atual situação alemã é Bauer. Sua fórmula revela-se, cada dia mais, a única capaz de dar a medida da insuficência das táticas seguidas pelo governo para proteger o Reich de qualquer perigo.

Todavia, existe um perigo hitlerista?, perguntam-se os defensores do Reich; e concluem com a afirmação de que só existe um perigo na Alemanha e na Europa, que é o perigo comunista. Bauer poderia objetar que o governo do Reich, contra a ameaça comunista, segue a mesma tática adotada contra a sedição hitlerista, ou seja, a que consiste na aplicação dos sistemas policiais clássicos. Aqui voltamos à fórmula de Bauer. Para defender o Estado de uma tentativa revolucionária fascista ou comunista é preciso empregar uma tática defensiva baseada nos mesmos princípios que regem a tática fascista ou comunista. Em outras palavras, Trótski deve se opor a Trótski, e não a Kerensky (1881-1970), ou seja, aos sistemas policiais. Kerensky não passa de um Fouché democrático e liberal, com algumas ideias marxistas, um Fouché à la Waldeck-Rousseau e à la Millerand de 1899. Não se deve esquecer que Kerensky, neste momento, também está no poder na Alemanha: Hitler deve se opor a Hitler. Para se defender dos comunistas e dos fascistas é preciso combatê-los em seu próprio território. A tática que Bauer, o 18 de brumário, teria empregado contra Bonaparte teria sido a de enfrentá-lo em seu próprio território: ele teria usado todos os meios, legais e ilegais, para forçar Bonaparte a permanecer no terreno do procedimento parlamentar, escolhido por Sieyès (1784-1836) para a execução do golpe de Estado. À tática de Bonaparte, Bauer oporia a tática de Bonaparte.

As condições atuais da Europa oferecem muitas oportunidades de sucesso para as ambições dos catilinários de direita e de esquerda. A insuficiência das medidas adotadas ou previstas pelos governos a fim de impedir uma possível tentativa revolucionária é tão grave que o perigo de um golpe de Estado deve ser seriamente considerado em muitos países da Europa. A natureza específica do Estado moderno, a complexidade e a delicadeza de suas funções, a gravidade dos problemas políticos, sociais e econômicos que é chamado a resolver fazem dele o lugar exato das fraquezas e angústias dos povos e aumentam as dificuldades que devem ser superadas para garantir sua defesa. O Estado moderno está exposto, mais do que se imagina, ao perigo revolucionário: os governos não sabem como defendê-lo. E de nada vale a consideração de que se os governos não sabem como providenciar sua defesa, os catilinários, por sua vez, provam, em muitos casos, que desconhecem os elementos fundamentais da técnica moderna do golpe de Estado. Pois se é verdade que os catilinários não souberam, até agora, em muitas ocasiões, aproveitar as circunstâncias favoráveis para tentar tomar o poder, isso não significa, porém, que esse perigo não exista.

A opinião pública nesses países, em que a opinião pública é liberal e democrática, está errada em não se preocupar com a possibilidade de um golpe de Estado. Uma tal eventualidade, dadas as condições atuais na Europa, não pode ser descartada em nenhum país. Um Primo de Rivera ou um Pilsudski, sem dúvida, não teriam chance alguma de sucesso em um país livre e organizado e, para usar um termo do século XVIII, de significado muito moderno, em um Estado *policé*. O argumento é perfeitamente correto, mas muito fácil e muito inglês. Já que o perigo de um golpe de Estado não precisa necessariamente ser chamado de Primo de Rivera ou Pilsudski, qual é, então, o problema que os governos enfrentam, todos os governos da Europa?

A maioria dos políticos europeus pertence à família de Cândido*: seu otimismo liberal e democrático os salva de qualquer suspeita e preocupação. Mas há alguns, menos acessíveis aos preconceitos comuns e com uma sensibilidade mais moderna, que começam a perceber que os sistemas policiais clássicos já não

---

* Referência ao personagem Cândido, da obra de Voltaire.

são suficientes para garantir a segurança do Estado. Durante uma investigação que realizei recentemente sobre a situação na Alemanha, onde a controvérsia sobre a defesa interna do Reich está hoje mais viva do que nunca, tive a oportunidade de ouvir muitas pessoas repetirem uma opinião de Stresemann (1878-1929) sobre Hitler: "As táticas seguidas por Cícero contra Catilina não dariam resultado algum contra Hitler." É claro que Stresemann colocou o problema da defesa do Reich em termos muito diferentes daqueles consagrados na tradição estatal alemã. Ele se declarava contrário à tática que ainda domina a concepção de defesa do Estado na maioria dos países europeus, ou seja, à tática baseada em sistemas policiais, com a qual Cícero frustrou a conspiração Catilina.

No que diz respeito à situação atual na Alemanha, mais tarde terei a oportunidade de voltar à postura de Stresemann no que concerne à tentativa revolucionária de Kapp em Berlim, em 1920, e de Kahr (1862-1934) e Hitler em Munique, em 1923. A incerteza e a fraqueza que Stresemann mostrou nessas ocasiões refletem fielmente as contradições que perturbam a consciência do povo alemão diante do perigo de um golpe de Estado. Na Alemanha de Weimar, o problema do Estado não é mais um problema de autoridade: é também um problema de liberdade. Se os sistemas policiais se revelam insuficientes para garantir a defesa do Reich contra uma eventual tentativa comunista ou hitlerista, a que medidas o governo pode e deve recorrer sem colocar em risco a liberdade do povo alemão? Stresemann, em um discurso proferido em 23 de agosto de 1923 em uma reunião de industriais, declarou que não hesitaria em recorrer a medidas ditatoriais se as circunstâncias o exigissem. Mas não há outros meios de garantir a defesa do Reich entre os sistemas policiais e as medidas ditatoriais? O problema alemão surge nesses termos: e nos mesmos termos, em quase todos os países europeus, apresenta-se o problema da defesa do Estado.

As condições atuais da Europa e a política dos governos em relação aos catilinários não podem ser examinadas e julgadas de acordo com o espírito e o método de Maquiavel. O problema da conquista e da defesa do Estado moderno não é político, mas técnico. As circunstâncias propícias a um golpe de Estado não são necessariamente de natureza política ou social, e não dependem da situação geral do país. A técnica revolucionária empregada por Trótski em Petrogrado, em outubro de 1917, para tomar o poder daria os mesmos resultados se fosse aplicada na Suíça ou na Holanda. "Ou na Inglaterra", acrescentou Trótski. Essas declarações podem parecer arbitrárias ou absurdas apenas para aqueles que consideram o problema revolucionário como um problema exclusivamente político ou social e, para julgar as situações e os fatos de nosso tempo, fazem referência aos exemplos de uma tradição revolucionária ultrapassada, a Cromwell (1599-1658), ao 18 de brumário, ou à Comuna.

No verão de 1920, em Varsóvia, durante uma das reuniões que o corpo diplomático realizava quase todos os dias na sede da Nunciatura Apostólica para examinar a situação na Polônia, invadida pelo Exército Vermelho de Trótski e perturbada por discórdias internas, tive a oportunidade de ouvir um diálogo bastante intenso, uma espécie de discussão pouquíssimo acadêmica sobre a natureza e os perigos das revoluções, entre o ministro da Inglaterra, sir Horace Rumbold (1869-1941), e o monsenhor Ratti (1857-1939), o atual papa Pio XI, então núncio apostólico em Varsóvia. Rara ocasião a de ouvir um futuro papa apoiar as opiniões de Trótski sobre o problema revolucionário moderno, contrariamente a um ministro inglês e diante dos representantes diplomáticos das principais nações do mundo. Sir Horace Rumbold declarava que a desordem em toda a Polônia era extrema, que dessa desordem, a qualquer momento, inevitavelmente nasceria uma revolução, e que, portanto, o corpo diplomático deveria, sem demora, abandonar Varsóvia e refugiar-se em Posen. O monsenhor Ratti respondeu que a agitação era realmente muito grande em todo o país, mas que a revolução nunca é o resultado necessário da desordem, e que, por isso, considerava um erro deixar a capital, especialmente porque a transferência do corpo diplomático para Posen teria sido interpretada como falta de confiança no exército polonês: e concluiu que ele não se afastaria de Varsóvia. Num país civilizado, onde a organização do Estado é poderosa, retorquiu o ministro britânico, não existe o perigo de uma revolução, pois é só da desordem que nascem as revoluções. O monsenhor Ratti, que sem perceber defendia as opiniões de Trótski, insistia que a revolução é tão possível em um país civilizado, poderosamente organizado e *policé* como a Inglaterra, quanto em um país abandonado à anarquia, como se encontrava a Polônia naquele momento, corroída pela luta de facções políticas e invadida por um exército inimigo: "Ah, nunca!", exclamou sir Horace Rumbold, e ele pareceu magoado e escandalizado com tal difamação sobre a possibilidade de uma revolução na Inglaterra, como ficou a rainha Vitória (1819-1901) quando lorde Melbourne (1779-1848) lhe revelou, pela primeira vez, a possibilidade de uma mudança de ministério. Será oportuno demorar mais tempo na situação em que se encontrava a Polônia no verão de 1920 para mostrar que as circunstâncias favoráveis a um golpe de Estado não dependem das condições gerais do país nem apenas necessariamente da natureza política ou social. Ver-se-á que na Polônia, naquele momento, não faltavam nem homens nem oportunidades: todas as circunstâncias que sir Horace Rumbold considerava favoráveis se achavam aparentemente do lado dos catilinários. Portanto, por que razão não ocorreu nenhuma tentativa revolucionária em Varsóvia? O próprio Lênin havia sido enganado sobre a situação na Polônia. É interessante notar que o atual papa, Pio XI, tinha ideias mais claras e modernas sobre a natureza das revoluções naquela época, e provavelmente terá inclusive hoje, do que Lênin. A atitude de Pio XI para com os catilinários da Europa pode, sem dúvida, ser compreendida muito melhor por Trótski, isto é, por um dos principais criadores da técnica moderna do golpe de Estado, do que por Charles Maurras, por Daudet ou por todos aqueles que consideram o problema revolucionário como um problema de natureza exclusivamente política ou social.

As primeiras considerações sobre a arte de conquistar e defender o Estado moderno, ou seja, sobre a técnica do golpe de Estado, foram-me sugeridas pela observação de alguns acontecimentos, dos quais me vi, em parte, testemunha e, em parte, ator, no verão de 1920, na Polônia. Depois de alguns meses no Conselho Supremo de Guerra de Versalhes, fui nomeado, em outubro de 1919, adido diplomático da embaixada italiana em Varsóvia. Tive, assim, reiteradamente, a oportunidade de me aproximar de Pilsudski, e acabei me convencendo de que era um homem mais governado pela fantasia e pelas paixões do que pela lógica, mais presunçoso do que ambicioso e, basicamente, mais rico de vontade do que de inteligência: ele mesmo tinha prazer em se chamar de louco e teimoso, como todos os poloneses da Lituânia.

A história da vida de Pilsudski não conseguia conciliá-lo com a simpatia de Plutarco (ca. 46-120) ou Maquiavel: sua personalidade de revolucionário me parecia muito menos interessante do que a dos grandes conservadores, Wilson (1864-1922), Clemenceau (1841-1929), Lloyd George (1863-1945), Foch (1851-1929), de quem pude me aproximar e observar na Conferência de Paz. Como revolucionário, Pilsudski me pareceu muito inferior ao próprio Stambuliski (1879-1923), que me deu a impressão de um homem absolutamente desprovido de senso moral, o mais cínico e, ao mesmo tempo, o mais ardente catilinário que, na Europa de 1919, ousou falar de paz e da justiça dos povos.

Quando me vi pela primeira vez diante de Pilsudski, em sua residência de Belvedere, em Varsóvia, me surpreendi com sua aparência e suas maneiras. Sentia-se nele o catilinário burguês, preocupado em conceber e executar os projetos mais ousados dentro dos limites da moralidade civil e histórica de seu tempo e de sua nação, respeitador de uma legalidade que pretendia quebrar sem, no entanto, correr o risco de colocar-se à margem da lei. Em toda sua ação pela conquista do poder, que culminou no golpe de Estado de 1926, Pilsudski sempre demonstrou, de fato, manter a máxima seguida por Maria Teresa em sua política em relação à Polônia: "Agir como prussiano, mantendo a aparência de honestidade."

Não é de admirar que Pilsudski tivesse feito sua a máxima de Maria Teresa e que tenha se preocupado até o fim, ou seja, até que fosse tarde demais para manter a aparência de legalidade. Essa sua constante preocupação, comum a muitos revolucionários, revelou-o, como se vê mais tarde, em 1926, incapaz de conceber e implementar o golpe de Estado segundo as regras de uma arte que não é apenas política. Cada arte tem sua própria técnica. Nem todos os grandes revolucionários mostraram conhecer a técnica do golpe de Estado: Catilina, Cromwell, Robespierre (1758-1794), Napoleão, para citar apenas alguns entre os maiores, além do próprio Lênin, mostraram que sabem tudo sobre essa arte, exceto a técnica. Entre o Napoleão do 18 de brumário e o general Boulanger (1837-1891), há apenas Luciano Bonaparte (1775-1840).

Naquele final de outono de 1919, Pilsudski parecia, aos olhos de todo o povo polonês, o único homem capaz de ter em seu poder o destino da República. Naquela altura, ele era chefe de Estado, mas mais na forma do que no conteúdo. E mesmo a forma era imperfeita: pois, enquanto se aguardava a Constituição, que seria redigida pela assembleia eleita em janeiro daquele mesmo ano, o poder conferido a Pilsudski era apenas provisório. O jogo dos partidos políticos e das ambições pessoais limitavam seriamente, na prática, a autoridade do chefe de Estado. Pilsudski, diante da Assembleia Constituinte, se viu na situação de Cromwell diante do Parlamento de 3 de setembro de 1654.

A opinião pública esperava que ele dissolvesse a assembleia e assumisse a responsabilidade por todo o poder. Esse tipo de ditador brutal e burguês, faccioso e ao mesmo tempo cheio de respeito pela legalidade e preocupado em parecer imparcial aos olhos da pequena burguesia, esse tipo de general socialista, revolucionário até cintura e reacionário da cintura para cima, que não sabia decidir-se entre a guerra civil e a guerra contra a Rússia soviética, que ameaçava um golpe de Estado por semana e, enquanto isso, mostrava-se com pressa em deixar-se absorver pela legalidade e legitimidade de uma Constituição ainda sendo gestada pela assembleia e em vão invocada pelo povo, começava a despertar o espanto apreensivo da opinião pública. Não só os socialistas, mas os próprios direitistas se perguntavam surpresos o que esse tipo de Teseu estava esperando, o qual havia quase um ano torcia o fio de Ariadne entre os dedos sem resolver usá-lo nem para sair do labirinto político e financeiro em que o Estado se perdera, nem para estrangular a liberdade da República, e, durante quase um ano, vinha desperdiçando o seu tempo e as oportunidades alheias, no sossego de Belvedere, residência de verão dos reis, tramando jogos para desvendar as intrigas de Paderewski (1860-1941), primeiro-ministro, o qual, do Palácio Real, residência de inverno dos reis poloneses, no coração de Varsóvia, respondia com o cravo* às trombetas dos ulanos** de Pilsudski.

O prestígio do chefe de Estado, desgastado pelas polêmicas parlamentares e pelas trapaças dos partidos, diminuía a cada dia aos olhos do povo. A confiança dos socialistas em seu antigo companheiro de conspirações e de exílio foi severamente testada por sua inexplicável atitude passiva diante dos assuntos da política externa e interna da República. Era a nobreza que, após a tentativa frustrada do príncipe Sapieha (1881-1963), protagonista do golpe de Estado fracassado de janeiro de 1919 contra Pilsudski, abandonava a ideia de uma conquista violenta do poder, retornava às ilusões ambiciosas e vinha sendo persuadida de que Pilsudski, àquela altura, não só não poderia mais constituir um perigo para as liberdades públicas como não poderia sequer defendê-las contra uma tentativa dos partidos de direita.

Pilsudski não guardava rancor contra o príncipe Sapieha. Lituano como ele, mas um grande cavalheiro, de maneiras corteses e persuasivas, elegante ao ponto da hipocrisia otimista, daquela elegância inglesa, casual e negligente, da qual os estrangeiros educados na Inglaterra se apropriam como uma segunda natureza, o príncipe Sapieha não era um homem para despertar a suspeita e o ciúme de Pilsudski. Sua tentativa revolucionária foi muito amadora e empírica para ter sucesso. Pilsudski, um homem prudente e faccioso, que levou seu desprezo pela aristocracia polonesa ao ponto da indiferença, vingou-se de Sapieha nomeando-o embaixador em Londres. Aqui está um Sula (138-78 a.C.)*** educado em Cambridge, retornando à Inglaterra para terminar seus estudos.

Mas não só nos partidos de direita, preocupados com o perigo que a desordem parlamentar representava para a saúde da República e para os interesses dos

---

* Cravo, no contexto, refere-se a um tipo de instrumento musical de cordas e teclado. (N. da T.)
** Um ulano é uma espécie de lanceiro nos exércitos austríaco, russo e alemão. (N. da T.)
*** Lúcio Cornélio Sula foi um militar e estadista, eleito duas vezes cônsul, em 88 e 80 a.C. E foi também eleito ditador em 82 a.C., o primeiro desde o final do século III a.C. (N. da T.)

grandes proprietários de terras, a intenção de tomar o poder pela violência vinha, aos poucos, amadurecendo.

O general Józef Haller (1873-1960), que, no final da guerra, após ter lutado bravamente na frente francesa, retornara à Polônia à frente de seu exército de voluntários, leais apenas a ele, ficava na sombra, posando como antagonista de Pilsudski, preparando-se, em silêncio, para a sucessão.

O chefe da missão militar britânica, general Carton de Wiart (1880-1963), o qual os poloneses diziam se parecer com Nelson (1758-1895) porque havia perdido um olho e um braço em combate, declarava, sorrindo, que Pilsudski deveria ter cuidado com Haller, que era tão aleijado quanto Talleyrand (1754-1838).

Enquanto isso, a situação interna piorava a cada dia. Após a queda de Paderewski, a luta dos partidos se tornou mais acirrada, e o novo primeiro-ministro, Skulski (1878-1940), não parecia o homem mais adequado para enfrentar a desordem político-administrativa, os pretextos das facções e os acontecimentos que se delineavam em segredo. No final de março, em um conselho de guerra realizado em Varsóvia, o general Haller resolutamente se opôs aos planos militares de Pilsudski, e, quando a conquista de Kiev foi decidida, ele se afastou, com uma prudência que parecia muito desdenhosa para ser justificada apenas a partir de considerações estratégicas.

Em 26 de abril de 1920, o exército polonês rompeu a fronteira ucraniana e, em 8 de maio, entrava em Kiev. As vitórias fáceis de Pilsudski despertaram imenso entusiasmo em toda a Polônia: em 18 de maio, o povo de Varsóvia recebeu triunfante o conquistador de Kiev, a quem o mais ingênuo e fanático de seus partidários comparou candidamente ao vencedor de Marengo*. Mas, no início de junho, o exército bolchevique, sob o comando de Trótski, tomou a ofensiva, e no dia 10 a cavalaria vermelha de Budyonni (1883-1973) tomava Kiev. Com a notícia repentina, o medo e a desordem despertaram a ira dos partidos e as demandas dos ambiciosos: o primeiro-ministro, Skulski, entregou o poder a Grabski (1874-1938), e o ministro das Relações Exteriores, Patek (1866-1944), foi substituído pelo

---

* A Batalha de Marengo aconteceu em 14 de junho de 1800, no Piemonte, na Itália, entre Napoleão e o general austríaco Mellas. O exército francês dispunha de 15 mil homens contra 20 mil de seu oponente, que tinha uma nítida vantagem em termos de armamento e de cavalaria. Os confrontos sucederam-se até a noite com vitórias e derrotas de ambas as partes, porém os franceses saíram vitoriosos. No dia seguinte, Mellas assinou a Convenção de Alexandria, que entregava a Napoleão a Alta Itália até ao Míncio. Napoleão consolidava assim as posições francesas. Disponível em: https://www.infopedia.pt/apoio/artigos/$batalha-de-marengo. Acesso em 30 de mar. 2022. (N. da T.)

príncipe Sapieha, embaixador em Londres, o antigo Sula retornando suavizado pela experiência do liberalismo inglês. Todo o povo se levantou em armas contra as bandeiras vermelhas da invasão, e o próprio general Haller, o antagonista de Pilsudski, correu com seus voluntários para ajudar seu rival humilhado. Mas o clamor das facções abafou o relincho dos cavalos de Budyonni.

No início de agosto, o exército de Trótski chegara aos portões de Varsóvia. Bandos de soldados que haviam escapado da debandada, de refugiados das regiões orientais, de camponeses fugindo do invasor perambulavam pela cidade em meio a uma multidão inquieta e taciturna que se aglomerava dia e noite nas praças e ruas à espera de notícias. O rugido da batalha se aproximava. O gabinete Grabski entrou em colapso após alguns dias de existência, e o novo primeiro-ministro, Witos (1874-1945), impopular entre os partidos de direita, tentava em vão impor uma trégua à luta de divisões e organizar a resistência civil. Nos subúrbios operários e no distrito de Nalewki, o gueto de Varsóvia, onde 300 mil judeus ouviam o barulho da batalha, a ansiedade da revolta já fermentava. Nos corredores da assembleia, nas antecâmaras dos ministérios, nos escritórios dos bancos e jornais, nos cafés, nos quartéis, corriam os mais estranhos boatos. Falava-se de uma provável intervenção das tropas alemãs, solicitadas em Berlim pelo novo primeiro-ministro, Witos, para conter a ofensiva bolchevique: e viu-se, então, a partir da pergunta apresentada à assembleia pelo deputado Glombiuski, que as negociações com a Alemanha haviam sido iniciadas por Witos em acordo com Pilsudski. A chegada do general Weygand (1867-1965) estava relacionada a essas negociações e era considerada não menos um repúdio a Witos do que uma queda de Pilsudski: os partidos de direita, leais à política francesa, obtiveram dela um argumento para acusar o chefe de Estado de fingimento e ignorância e para invocar um governo forte, capaz de enfrentar os perigos da situação interna e de proteger a retaguarda da República e do exército. O próprio Witos, incapaz de reprimir o amontoado das facções, agravava o contraste, rejeitando a responsabilidade pela desintegração do Estado à direita e à esquerda.

Se o inimigo estava às portas da cidade, a fome e a sedição já haviam entrado em Varsóvia. Desfiles de xingamentos percorriam as ruas dos subúrbios, e nas calçadas da Krakowskie Przedmiescie, em frente aos grandes hotéis, bancos e palácios nobres, começavam a aparecer multidões taciturnas de desertores, com olhos embotados em rostos pálidos e magros.

No dia 6 de agosto, o núncio apostólico, decano do corpo diplomático, monsenhor Ratti, atual pontífice Pio XI, acompanhado pelos ministros da

Inglaterra, Itália e Romênia, dirigiu-se ao primeiro-ministro, Witos, para lhe pedir que designasse, a partir daquele momento, a cidade para onde o governo iria ser transferido, em caso de evacuação da capital. O passo crítico havia sido decidido no dia anterior, depois de uma longa discussão em uma reunião que o corpo diplomático realizara na sede da Nunciatura. A maioria dos representantes estrangeiros, seguindo o exemplo do ministro da Inglaterra, sir Horace Rumbold, e o da Alemanha, conde Oberndorf (1870-1963), se manifestara a favor de uma transferência imediata do corpo diplomático para uma cidade mais segura, Posen ou Czestochowa. Sir Horace Rumbold chegou inclusive a propor que se pressionasse o governo polonês a escolher Posen como capital provisória, para onde, nesse ínterim, o Ministério das Relações Exteriores seria transferido com representantes estrangeiros. Os únicos que defenderam a necessidade de permanecer em Varsóvia até o final foram o núncio, monsenhor Ratti, e o ministro da Itália, Tommasini (1896-1980). O posicionamento deles suscitou críticas intensas no âmbito da reunião, e o próprio governo polonês, mais tarde, julgou-o hostil, suspeitando que o núncio apostólico e o ministro da Itália estivessem propondo não deixar Varsóvia com a esperança secreta de, no último instante, não poderem sair e serem obrigados a permanecer lá durante a ocupação bolchevique. Dizia-se que, dessa forma, o núncio apostólico teria a oportunidade de ser ele a estabelecer um contato entre o Vaticano e o governo soviético em prol de uma discussão dos problemas religiosos que interessavam à Igreja, sempre atenta aos assuntos da Rússia e, mais do que nunca, disposta a aproveitar a ocasião propícia para estender sua influência na Europa Oriental. O propósito da Santa Sé de aproveitar a gravíssima crise que a Igreja Ortodoxa sofria após a revolução bolchevique ficou claro não só pela nomeação do padre Genocchi (1860-1923) como visitador apostólico* na Ucrânia, mas pela mesma atitude do núncio Ratti para com o Metropolita Uniate** de Leopoli***, o monsenhor Andrea Szeptycki (1865-1944), impopular entre os poloneses. De fato, a Igreja Uniata da Galícia Oriental sempre foi considerada pela Santa Sé como a ponte natural

---

* Segundo o *Dicionário Panhispánico del Espanhol Jurídico*, o visitador apostólico era uma pessoa autorizada pela Sede Apostólica para realizar uma visita oficial, que atuava em nome do pontífice romano e cuja missão era investigar os excessos, as exigências etc., que poderiam ocorrer na entidade sendo visitada a fim de corrigi-los mediante a aplicação dos procedimentos adequados. Disponível em: https://dpej.rae.es/lema/visitador-apost%C3%B3lico. Acesso em 6 de fevereiro de 2022. (N. da T.)
** O Metropolita é um arcebispo. (N. da T.)
*** Leopoli é a versão italiana do nome da cidade de Lviv. (N. da T.)

para uma conquista católica da Rússia. Suspeitava-se que o ministro da Itália Tommasini estava obedecendo a instruções precisas de seu ministro das Relações Exteriores, o conde Sforza (1846-1922), justificadas por considerações políticas internas e pelo desejo de, de alguma forma, desenvolver laços com o governo soviético para satisfazer as exigências dos socialistas italianos. Se os bolcheviques tivessem ocupado a capital da Polônia, a presença do ministro Tommasini em Varsóvia teria oferecido ao conde Sforza uma oportunidade conveniente de estabelecer relações diplomáticas com o governo de Moscou.

A manobra do monsenhor Ratti, decano do corpo diplomático, foi recebida com muita frieza pelo primeiro-ministro Witos. No entanto, ficou determinado que o governo polonês, em caso de perigo, seria transferido para Posen e que, no momento oportuno, tomaria medidas para deslocar os representantes estrangeiros, com segurança, para a capital provisória. Dois dias depois, em 8 de agosto, grande parte dos funcionários do escritório diplomático deixou Varsóvia.

As vanguardas do exército bolchevique encontravam-se agora às portas da cidade. Nos subúrbios operários, os primeiros disparos foram ouvidos. Chegara o momento para arriscar o golpe de Estado.

A aparência de Varsóvia, naqueles dias, era a de uma cidade resignada à pilhagem. O calor de agosto abafava as vozes e os ruídos, um profundo silêncio pairava sobre a multidão acampada nas ruas. De quando em quando, filas intermináveis de bondes, carregados de feridos, cortavam lentamente por entre o povo. Os feridos praguejavam, colocando seus rostos e braços para fora das janelas: um longo murmúrio se espalhava de calçada em calçada, de rua em rua. Grupos de bolcheviques prisioneiros vestidos em trapos, com a estrela vermelha no peito, mancando curvados passavam entre fileiras de ulanos montados. À medida que os prisioneiros se deslocavam, a turba, em silêncio, abria-se, deixando-os passar, fechando-se massivamente atrás deles. Revoltas eclodiam aqui e ali, logo sufocadas, de surpresa, pela população. Em meio àquele mar de cabeças, de vez em quando apareciam soldados magros e febris carregando, em procissão, altas cruzes de madeira: as pessoas se moviam devagar, agitando um rio de gente que se comportava como um vórtice no meio do caminho, iniciava atrás das cruzes, parava, retornava, perdia-se em correntes tumultuosas na multidão. Na entrada das pontes sobre o Vístula, um ajuntamento gritando e inquieto ouvia um trovão distante; densas nuvens, amareladas de sol e poeira, fechavam o horizonte, que vibrava rugindo como se tivesse sido atingido por um aríete. A estação central estava, dia e noite, sitiada por hordas famintas de desertores, refugiados, fugitivos de todas as raças e condições. Apenas os judeus pareciam se sentir em casa no tumulto daqueles dias. O distrito de Nalewki, o gueto de Varsóvia, estava em festa. O ódio contra os perseguidores poloneses dos filhos de Israel, a sede de vingança, a alegria de testemunhar a grande miséria da Polônia católica e intolerante manifestavam-se em atos de coragem e violência, inusitados nos judeus de Nalewki, mudos e passivos por prudência e tradição. Os judeus tornaram-se sediciosos – um mau sinal para os poloneses.

As notícias que os fugitivos traziam das regiões invadidas alimentavam o espírito de sedição: em cada cidade, em cada aldeia conquistada, os bolcheviques apressavam-se a instalar um soviete, formado por judeus locais. De perseguidos, os judeus se tornaram perseguidores. O fruto da liberdade, da vingança e do poder era doce demais para que a plebe miserável de Nalewki não ansiasse por meter-lhe os dentes. O Exército Vermelho, agora a poucos quilômetros de Varsóvia, tinha como aliada natural a imensa população judaica da cidade, que crescia a cada dia mais em número e coragem. No início de agosto, os judeus de Varsóvia somavam meio milhão. Naqueles dias, muitas vezes eu me perguntei o que impedia aquela enorme massa sediciosa, inflamada pelo ódio fanático e faminta de liberdade, de tentar uma insurreição. Qualquer investida teria dado certo.

O Estado em dissolução, o governo em agonia, o exército em debandada, grande parte do território nacional invadido, a capital em meio à desordem e já sitiada: mil homens decididos e prontos para qualquer coisa teriam bastado para tomar a cidade sem que um único tiro fosse disparado. Mas a experiência daqueles dias me convenceu de que se Catilina pode ser judeu, os catilinários, isto é, os executores do golpe de Estado, não deveriam ser recrutados entre os filhos de Israel. Em outubro de 1917, em Petrogrado, o Catilina da insurreição bolchevique era o judeu Trótski, não o russo Lênin; mas os executores, os catilinários, eram principalmente russos, marinheiros, soldados e trabalhadores. Em 1927, Trótski, em sua luta contra Stalin, teve que aprender da maneira mais difícil como é perigoso tentar um golpe de Estado confiando sua execução a elementos em sua maioria judeus.

Quase todos os dias, o corpo diplomático se reunia na sede da Nunciatura para discutir a situação. Eu, com frequência, acompanhava o ministro da Itália Tommasini, o qual não estava muito satisfeito com a atitude de seus colegas, todos a favor da tese defendida por sir Horace Rumbold e pelo conde Oberndorf. Apenas o ministro da França, o senhor De Panafieu (1865-1949), embora julgando a situação muito crítica, não escondia que a partida do corpo diplomático para Posen pareceria uma fuga e teria despertado a indignação da opinião pública: por essa razão, ele considerava, assim como o monsenhor Ratti e o ministro da Itália, que era necessário permanecer em Varsóvia até o fim e que o conselho de sir Horace Rumbold e do conde Oberndorf, partidários de um abandono imediato da capital, não devia ser seguido a menos que a situação interna, em se agravando, pudesse comprometer a defesa militar da cidade.

A tese do senhor De Panafieu estava, na realidade, muito mais próxima da dos ministros da Inglaterra e da Alemanha do que da tese do núncio apostólico e do ministro da Itália: pois enquanto o monsenhor Ratti e Tommasini, cuja intenção de permanecer em Varsóvia mesmo durante uma possível ocupação bolchevique era evidente, mostravam um otimismo aberto tanto em relação à situação militar como em relação à interna, e insistiam em declarar que o corpo diplomático não correria nenhum perigo se tivesse adiado até o último momento sua partida para Posen, o senhor De Panafieu avaliou com otimismo apenas a situação militar. Ele não podia ser injusto com Weygand. Tendo agora confiado a defesa da cidade a um general francês, o ministro da França parecia aderir à tese de sir Horace Rumbold e do conde Oberndorf, não por preocupações militares, mas apenas devido aos perigos que a situação interna apresentava. Ao passo que os ministros da Inglaterra e da Alemanha temiam, sobretudo, a queda de Varsóvia nas mãos do exército bolchevique, o senhor De Panafieu não podia, oficialmente, temer senão uma revolta dos judeus e dos comunistas. "O que eu temo", disse o ministro da França, "é a facada nas costas de Pilsudski e Weygand".

Segundo o monsenhor Pellegrinetti (1876-1943), secretário da Nunciatura, o núncio apostólico não acreditava na possibilidade de um golpe de Estado. "O núncio", disse sorrindo o chefe da missão militar britânica, o general Carton de Wiart, "não pode conceber que a multidão desesperada no gueto e nos subúrbios de Varsóvia ouse tentar tomar o poder. Mas a Polônia não é a Igreja, onde só os papas e os cardeais dão o golpe de Estado".

Embora não lhe parecesse que o governo, os chefes militares e a classe dominante, ou seja, os responsáveis pela situação, fizessem tudo a seu alcance para evitar perigos novos e mais graves, o monsenhor Ratti estava persuadido de que qualquer tentativa sediciosa falharia. Os argumentos do senhor De Panafieu eram, no entanto, muito sérios para não despertar alguma preocupação na mente do núncio. Não me surpreendi, portanto, com a visita que o monsenhor Pellegrinetti fez, certa manhã, ao ministro Tommasini para exortá-lo a certificar-se de que o governo havia tomado todas as medidas necessárias para dar uma resposta a qualquer tentativa de revolta. O ministro Tommasini imediatamente mandou chamar o cônsul Paolo Brenna, expôs as preocupações do núncio e implorou-lhe, na presença de monsenhor Pellegrinetti, que estivesse plenamente ciente da situação interna e das medidas cautelares adotadas pelo governo para evitar distúrbios e reprimir uma possível sedição. O general Romei, chefe da missão militar italiana, lhe confirmara, pouco antes, a notícia sobre o contínuo avanço da ofensiva bolchevique, o que não o deixou com nenhuma dúvida sobre o destino de Varsóvia. Em 12 de agosto: naquela noite, o exército de Trótski havia chegado a cerca de trinta quilômetros da cidade. "Se as tropas polonesas resistirem por mais alguns dias", acrescentou o ministro, "a manobra do general Weygand poderá ser bem-sucedida. Mas não devemos ter muitas ilusões". Ele lhe disse que teria que ir aos subúrbios operários e ao distrito de Nalewki, onde se temia agitação, para sentir se realmente havia cheiro de pólvora e certificar-se com os próprios olhos, nos mais sensíveis pontos da cidade, se as medidas tomadas tinham sido suficientes para proteger Weygand, Pilsudski e proteger o governo de uma possível investida. "É melhor", concluiu ele, "vocês não irem sozinhos", e aconselhou o cônsul Brenna a ir acompanhado do capitão Rollin, que estava ligado à embaixada francesa e a mim.

O capitão Rollin, oficial de cavalaria, era, com o major Charles de Gaulle (1890-1970), um dos mais sérios e mais cultos colaboradores do senhor De Panafieu e do general Henris, chefe da missão militar francesa. Ele frequentava assiduamente a embaixada da Itália e mantinha com o ministro Tommasini relações de profunda simpatia e de amizade cordial. Eu o reencontrei, então, em Roma, em 1921 e em 1922, durante a revolução fascista: ele estava, naquela altura, ligado à embaixada da França, no Palácio Farnese, e demonstrava grande admiração pelas táticas seguidas por Mussolini para a conquista do Estado. Uma vez que o exército bolchevique havia chegado a uma curta distância de Varsóvia, quase todos os dias eu ia com ele aos postos avançados poloneses para acompanhar de perto os acontecimentos da batalha. Mas, com exceção dos cossacos vermelhos, cavaleiros terríveis dignos dos emblemas mais gloriosos, os soldados bolcheviques não pareciam muito perigosos: eles entravam em combate lentos, dispersos e hesitantes. Sua aparência era de pessoas famintas e destroçadas, impelidas pela fome e pelo medo. Minha longa experiência de guerra nas frentes francesa e italiana me impedia de entender por que os poloneses recuaram diante desse tipo de soldados.

O capitão Rollin era da opinião de que o governo polonês nem mesmo conhecia os elementos fundamentais da arte de defender um Estado moderno. A mesma consideração, embora em outro sentido, parecia legítima em relação a Pilsudski. Os soldados poloneses têm fama de destemidos. Mas a coragem dos soldados é inútil quando os comandantes ignoram que a arte de saber se defender consiste em conhecer os próprios pontos fracos. As medidas cautelares, tomadas pelo governo para fazer frente a uma possível tentativa sediciosa, eram a melhor prova de que ele desconhecia quais eram as fragilidades de um Estado moderno. A técnica do golpe de Estado progrediu consideravelmente desde Sula: e é claro, portanto, que as medidas tomadas por Kerensky para impedir que Lênin tomasse o poder deveriam logicamente ter sido muito diferentes daquelas adotadas por Cícero para defender a República da sedição de Catilina. O que antes era um problema de polícia agora se tornou um problema técnico. Viu-se em março de 1920, em Berlim, durante o golpe de Estado de Kapp, quão grande é a diferença entre o critério policialesco e o critério técnico.

O governo polonês agira como Kerensky: aderira à experiência de Cícero. Mas a arte de conquistar e defender o Estado foi mudando ao longo dos séculos, conforme mudava a natureza do Estado. Se algumas medidas policiais foram suficientes para frustrar o plano sedicioso de Catilina, essas mesmas medidas não poderiam ser úteis contra Lênin. O erro de Kerensky foi o de querer defender os pontos vulneráveis de uma cidade moderna, com suas centrais elétricas, seus bancos, suas estações ferroviárias, suas centrais telefônicas e telegráficas, suas gráficas, com os mesmos sistemas usados por Cícero para defender a Roma de sua época, em que os pontos mais vulneráveis eram o Fórum e a Suburra.

Em março de 1920, Von Kapp esquecera que, em Berlim, além do Reichstag e dos ministérios da Wilhelmstrasse, existem usinas elétricas, estações ferroviárias, antenas de radiotelégrafo, fábricas. Os comunistas aproveitaram seu erro para paralisar a vida de Berlim e forçar o governo provisório à rendição, estabelecendo-se no poder com uma demonstração de força realizada com critérios da polícia militar. Na noite de 2 de dezembro, Luís Napoleão (1808-1873) tinha dado início a seu golpe de Estado com a ocupação das gráficas e dos campanários. Mas, na Polônia, ninguém leva em conta suas próprias experiências, muito menos as dos outros. A história da Polônia está repleta de fatos dos quais os poloneses se julgam os inventores, estimando que nenhum evento em sua vida nacional tem exemplo na vida dos outros povos, que nunca ocorreu em outro lugar e que ocorre pela primeira vez em sua casa.

As medidas cautelares tomadas pelo governo Witos limitavam-se às habituais medidas policiais. As pontes sobre o Vístula, a da estrada de ferro e a de Praga, eram guardadas por apenas dois pares de soldados, estacionados em cada extremidade. A central elétrica estava sem guardas: não encontramos vestígio de nenhum serviço de vigilância e de proteção. O diretor nos disse que algumas horas antes recebera um telefonema do comando militar da cidade dizendo que iriam responsabilizá-lo pessoalmente por qualquer ato de sabotagem às máquinas e eventuais cortes de energia. A fortaleza, localizada além do bairro de Nalewki, no extremo de Varsóvia, se encontrava cheia de ulanos e cavalos: podíamos entrar e sair sem que as sentinelas nos pedissem o salvo-conduto. É de se salientar que na fortaleza também havia um depósito de armas e um paiol de pólvora. Na estação ferroviária, a confusão era indescritível: multidões de fugitivos invadiam os trens, uma turba desordeira vociferava amontoada nas calçadas e nos trilhos, grupos de soldados bêbados dormiam profundamente deitados no chão. *Somno vinoque sepulti**, observou o capitão Rollin, que sabia latim. Dez homens armados com granadas de mão teriam bastado. O quartel-general do Estado-Maior do Exército, na praça principal de Varsóvia, à sombra da hoje demolida igreja russa, era guardado pelo habitual par de sentinelas. Um vaivém de oficiais e mensageiros, empoeirados até os cabelos, atravancava a porta e o átrio do prédio. Entramos, em meio a toda aquela confusão, subimos as escadas, atravessamos um corredor e passamos por uma sala com paredes cobertas de mapas, onde um oficial, sentado em um canto em frente a uma mesa, ergueu a cabeça e nos cumprimentou com um ar entediado. Depois de caminhar por outro corredor e de entrar numa espécie de antessala, na qual alguns oficiais cinzentos de poeira esperavam parados, em pé, perto de uma porta entreaberta, descemos para o saguão. Ao passar diante das duas sentinelas, para sair na praça, o capitão Rollin me olhou sorrindo. O edifício dos correios estava guardado por um piquete de soldados, sob as ordens de um tenente. O oficial nos disse que tinha a tarefa de barrar o acesso da multidão ao prédio em caso de tumultos. Apontei-lhe que um piquete de soldados, dispostos em uma formação tão ordenada na entrada do edifício, certamente teria conseguido, sem dificuldade, repelir uma multidão revoltada, mas não impedir a investida de dez homens decididos. O tenente sorriu e, gesticulando para o público que entrava e saía em silêncio, respondeu que os dez homens talvez já tivessem entrado, aos poucos, no edifício, ou estavam entrando naquele momento diante de nossos olhos. "Estou aqui para reprimir um motim", concluiu o oficial, "não para impedir uma investida". Grupos de soldados estacionavam em frente aos ministérios, observando com curiosidade as idas e vindas do público e dos

---

* Em tradução livre, "sepultado pelo sono e vinho". (N. da T.)

funcionários. A assembleia estava cercada de gendarmes e ulanos a cavalo: os deputados entravam e saíam em grupos, discutindo entre si em voz baixa. No saguão, cruzamos com o obeso e preocupado marechal da assembleia, Trompczynski, que nos saudou com um ar distraído: um pequeno grupo de deputados, frios e atentos, da Posnânia* o cercava. Trompczynski, um posnano e um direitista, opunha-se abertamente à política de Pilsudski, e, naquela época, falava-se muito sobre suas manobras secretas para derrubar o governo Witos. Naquela mesma noite, no Clube de Caça, o marechal da assembleia disse a Cavendish Bentink (1897-1990), secretário da embaixada da Inglaterra: "Pilsudski não pode defender a Polônia, e Witos não pode defender a República." A República, para Trompczynski, era a assembleia. Como todos os homens gordos, Trompczynski não se sentia suficientemente defendido.

Durante todo aquele dia, percorremos toda a extensão da cidade, obrigando-nos a ir até os limites dos subúrbios mais distantes. Perto das dez da noite, passando em frente ao Hotel Savoy, o capitão Rollin ouviu chamar seu nome. O general Bulach Balachowitch, da soleira do hotel, fazia sinal para entrarmos: partidário de Pilsudski, mas partidário no sentido que na Rússia e na Polônia se dá a essa palavra, o general russo Balachowitch comandava os famosos bandos de cossacos negros, que a serviço da Polônia lutavam contra os cossacos vermelhos de Budyonni.

General com ar de bandido, soldado corajoso habituado a todas as armadilhas da guerrilha dos partisans, ousado e sem escrúpulos, Bulach Balachowitch foi um peão no jogo de Pilsudski, que se utilizou dele e do ataman** Petliura (1879-1926) para manter viva na Rússia Branca e na Ucrânia a revolta contra os bolcheviques e contra Denikin (1872-1947). Ele havia estabelecido seu quartel-general no Hotel Savoy, onde, de vez em quando, brevemente aparecia a fim de acompanhar a situação política entre uma escaramuça e outra: uma crise no governo Witos não teria sido sem consequências independentemente de ser-lhe favorável ou não. Mais do que nos passos dos cossacos de Budyonni, ele ficava de olho nos acontecimentos internos. Os poloneses desconfiavam dele, e o próprio Pilsudski o usou com extrema cautela, como a um aliado perigoso.

Balachowitch imediatamente começou a falar sobre a situação, não escondendo que, em sua opinião, apenas um golpe de Estado dos partidos de direita

---
* O autor usa, algumas vezes, o termo "Posnânia" para fazer referência à cidade de Posen. (N. da T.)
** Ataman significa chefe das Forças Armadas. (N. da T.)

poderia salvar Varsóvia do inimigo, e a Polônia, da ruína. E concluiu: "Witos é incapaz de fazer frente aos acontecimentos e de dar respaldo ao exército de Pilsudski. Se ninguém decidir tomar o poder para acabar com a desordem, organizar a resistência civil e defender a República dos perigos que a ameaçam, dentro de um ou dois dias testemunharemos um golpe de Estado comunista."

Para o capitão Rollin, já era tarde demais para poder impedir uma tentativa dos comunistas, e os partidos de direita não tinham homens capazes de assumir uma responsabilidade tão séria. Nas condições em que se encontrava a Polônia, a responsabilidade por um golpe de Estado não parecia a Balachowitch tão séria como acreditava Rollin quando o assunto era salvar a República; quanto às dificuldades da iniciativa, qualquer imbecil poderia ter tomado o poder. "Mas Haller", acrescentou, "se encontra no front, Sapieha não tem amigos leais, e Trompczynski está com medo". Nesse ponto, notei que, mesmo aos partidos de esquerda deviam faltar homens à altura das circunstâncias: o que estava impedindo os comunistas de tentar um golpe de Estado? "Você está certo", Balachowitch concordou, "eu não teria esperado tanto tempo no lugar deles. E se eu não fosse russo, se eu não fosse estrangeiro neste país que me acolhe e pelo qual luto, a uma hora dessas eu já teria dado o golpe". Rollin sorriu. "Se você fosse polonês", disse ele, "não teria feito nada ainda: na Polônia, até que seja tarde demais, é sempre cedo demais".

Balachowitch era realmente o homem que poderia arruinar Witos em poucas horas. Mil de seus cossacos teriam bastado para tomar de surpresa os centros fulcrais da cidade e garantir a ordem por um certo tempo. Mas e depois? Balachowitch e seus homens não eram apenas russos, eles eram, além disso, cossacos. O golpe teria sido igualmente bem-sucedido, sem encontrar sérias dificuldades: naquelas condições, as dificuldades intransponíveis viriam mais tarde. Uma vez tomado o poder, Balachowitch o entregaria de imediato aos homens de direita: porém, nenhum patriota polonês aceitaria o poder das mãos de um estrangeiro. Da situação que viria a emergir, os comunistas seriam os únicos a tirar vantagem. "No fundo", concluiu Balachowitch, "seria uma boa lição para os partidos de direita".

No Clube de Caça, encontramos reunidos naquela noite, ao lado de Sapieha e de Trompczynski, algumas das figuras mais representativas da oposição dos nobres e dos grandes proprietários de terras à política de Pilsudski e de Witos. Dos diplomatas estrangeiros presentes, apenas o ministro da Alemanha, o conde Oberndorf, o general inglês Carton de Wiart e o secretário da embaixada francesa.

Todos pareciam calmos, exceto o príncipe Sapieha e o conde Oberndorf. Sapieha fingia não ouvir as conversas a seu redor e ocasionalmente se virava para trocar algumas palavras com o general Carton de Wiart, que discutia a situação militar com o conde Potocki (1903-1997). Durante o dia, as tropas bolcheviques fizeram progressos significativos na área de Radzymin, uma aldeia localizada a cerca de vinte quilômetros de Varsóvia. "Lutaremos até amanhã", repetia o inglês com um sorriso. O conde Potocki voltara de Paris fazia poucos dias e já pensava em ir à França o mais rápido possível, assim que a sorte se voltasse a favor da Polônia. "Vocês", observou Carton de Wiart, "são todos como seu famoso Dombrowski, que, na época de Napoleão, comandava as legiões polonesas na Itália. Ele disse: 'Estou sempre disposto a morrer pelo meu país, mas não a viver lá'".

Esses eram os homens, e esses eram os discursos. O rugido do canhão podia ser ouvido a distância. De manhã, antes de nos deixar, o ministro Tommasini nos pediu para esperá-lo à noite no Clube de Caça. Já era tarde, e eu pensava em ir embora quando o ministro da Itália entrou. Nossas considerações sobre a imprevisibilidade do governo Witos, ainda que lhe parecessem sérias, não lhe eram novas. O próprio Witos, algumas horas antes, confessara-lhe não se sentir respaldado. Tommasini estava, no entanto, convencido de que, entre os adversários de Pilsudski e de Witos, não havia homens capazes de tentar um golpe de Estado. Os únicos que podiam ser motivo de alguma preocupação eram os comunistas; mas o medo de comprometer a situação com uma imprudência os impediu de se arriscar em uma aventura sem sentido, apesar de não muito perigosa. Estava claro que eles achavam que o jogo já estava ganho e, seguros disso, esperavam, impassíveis, a chegada de Trótski. "Até mesmo o monsenhor Ratti", acrescentou o ministro, voltando-se para o capitão Rollin, "decidiu não desistir da atitude que até agora mantivemos de comum acordo. O núncio apostólico e eu ficaremos em Varsóvia até o fim, aconteça o que acontecer". "Que pena", Rollin comentou mais tarde, não sem ironia, "que pena, se nada acontecer!"

Na noite seguinte, ao saber que o exército bolchevique tomara a aldeia de Radzymin e iniciara o ataque à cabeça de ponte de Varsóvia, o corpo diplomático deixou às pressas a capital, refugiando-se em Posen. Apenas o núncio apostólico, o ministro da Itália e os encarregados de assuntos dos Estados Unidos e da Dinamarca permaneceram em Varsóvia.

Durante a noite, a cidade era vítima do terror. No dia seguinte, 15 de agosto, dia de Santa Maria, toda a população saiu em procissão atrás da estátua da

Virgem, clamando em alta voz que salvasse a Polônia da invasão. Mas, quando parecia que tudo estava perdido, que a qualquer momento em uma curva da estrada uma patrulha de cossacos vermelhos surgiria, de repente, diante da imensa procissão de ladainha, a notícia das primeiras vitórias do general Weygand se espalhou rapidamente. O exército de Tróski estava recuando de forma geral. Faltava a Trótski um aliado indispensável: Catilina.

IV

"Contávamos com a revolução na Polônia, e a revolução não veio", declarou Lênin a Clara Zetkin (1857-1933) no outono de 1920. Com que razões poderão justificar os catilinários poloneses aqueles que pensam, como sir Horace Rumbold, que a desordem é a mais necessária das circunstâncias favoráveis aos golpes de Estado? A presença do exército de Trótski às portas de Varsóvia, a extrema fraqueza do governo Witos, a agitação do povo não foram igualmente circunstâncias favoráveis para uma tentativa revolucionária? "Qualquer imbecil", disse Balachowitch, "poderia tomar o poder". Em 1920, não só a Polônia estava cheia desses imbecis, mas toda a Europa. Como, então, aconteceu que, em tais circunstâncias, não ocorreu nenhuma tentativa de golpe de Estado em Varsóvia, nem mesmo pelos comunistas?

O único que não tinha ilusões na possibilidade de uma revolução na Polônia era Radek (1885-1939). O próprio Lênin confessou isso a Clara Zetkin. Radek, que conhecia a insuficiência dos catilinários poloneses, argumentava que a revolução, na Polônia, deveria ser criada artificialmente, a partir do lado de fora. Sabe-se que Radek não tinha ilusões nem mesmo sobre os catilinários de outros países. A crônica dos acontecimentos ocorridos na Polônia no verão de 1920 serve para iluminar não só a insuficiência dos cidadãos poloneses como também dos catilinários de toda a Europa.

Quem observa sem preconceito a situação europeia nos anos de 1919 e 1920 não pode deixar de se perguntar por que milagre a Europa conseguiu superar uma crise revolucionária tão séria. Em quase todos os países, a burguesia liberal revelava-se incapaz de defender o Estado: seu método defensivo consistia, e ainda consiste, na aplicação pura e simples daqueles sistemas policiais, nos quais tanto os governos absolutos quanto os governos liberais confiaram em todos os momentos, até agora. Mas a incapacidade da burguesia de defender o Estado foi compensada pela incapacidade dos partidos revolucionários de opor uma tática ofensiva moderna ao antiquado método defensivo dos governos, ou seja, de opor uma técnica revolucionária às medidas de natureza policial.

É surpreendente observar como em 1919 e 1920, no período mais grave da crise revolucionária na Europa, nem os catilinários de direita nem os de esquerda souberam aproveitar a experiência da revolução bolchevique. Eles não tinham conhecimento do método, da tática, da técnica moderna do golpe de Estado, do qual Trótski dera o primeiro exemplo clássico. A concepção que eles tinham da conquista do poder era uma concepção antiquada, que fatalmente os levava a agir no terreno escolhido pelos adversários, a fazer uso de sistemas e instrumentos aos quais mesmo governos fracos e imprevisíveis podem se opor com sucesso a sistemas e instrumentos clássicos de defesa do Estado. Sobre esse terreno forçado é muito mais fácil defender-se do que atacar. A Europa se achava madura para a revolução, mas os partidos revolucionários mostravam que não estavam aproveitando nem as circunstâncias favoráveis nem a experiência de Trótski. O sucesso da insurreição bolchevique de outubro de 1917, a seus olhos, só se justificava pelas condições excepcionais da Rússia e pelos erros de Kerensky. Eles não percebiam que Kerensky estava no poder em quase todos os países da Europa e não entendiam que Trótski, na concepção e execução de seu golpe de Estado, não levara em conta as condições excepcionais da Rússia. A novidade introduzida por Trótski na tática insurrecional foi o absoluto descaso para com a situação geral do país: apenas os erros de Kerensky influenciaram a concepção e execução do golpe bolchevique. A tática de Trótski teria sido a mesma, ainda que as condições da Rússia fossem diferentes.

Os erros de Kerensky foram então, e ainda são hoje, típicos de toda a burguesia liberal da Europa. A fraqueza dos governos era extrema: o problema de sua existência não era senão um problema da polícia. Contudo, a sorte dos governos liberais consistia no fato de que os próprios catilinários consideravam a revolução um problema de polícia.

Um exemplo dessa incapacidade dos catilinários de não se importar com as condições gerais do país, ou seja, de não conceber a tática revolucionária como um problema de natureza política, mas de natureza técnica, pode ser encontrado no golpe de Estado de Kapp.

Na noite de 12 para 13 de março de 1920, alguns destacamentos das tropas bálticas, reunidos perto de Berlim sob as ordens do general Von Luttwitz

(1859-1942), enviaram um ultimato ao governo Bauer, ameaçando ocupar a capital se o governo não entregasse o poder nas mãos de Kapp. Desde o início, a tentativa revolucionária assumiu os aspectos clássicos de uma demonstração de força concebida e executada com critérios tipicamente militares. À convocação dos rebeldes, o governo Bauer respondeu com uma negativa e adotou as medidas policiais necessárias para defender a capital e garantir a ordem pública. Como sempre acontece nesses casos, o governo opôs um critério militar a um critério policial: os dois critérios são semelhantes, e é isso que tira qualquer caráter revolucionário dos golpes de Estado concebidos e executados por figuras militares. A polícia defende o Estado como se fosse uma cidade, os militares atacam o Estado como se fosse uma fortaleza. As medidas policiais adotadas por Bauer consistiram no bloqueio das praças e ruas mais importantes e na ocupação de prédios públicos. A execução do golpe de Estado consistia, para Von Luttwitz, em substituir os destacamentos policiais estacionados nos cruzamentos das ruas principais, nas saídas das praças, em frente ao Reichstag e aos ministérios da Wilhelmstrasse por suas próprias unidades de tropas. Poucas horas após entrar na cidade, Von Luttwitz estava no controle da situação. A tomada de posse da capital fora feita sem derramamento de sangue, com a regularidade de uma troca da guarda. Todavia, se Von Luttwitz era um militar, Kapp, ex-diretor-geral da Agricultura, era um alto funcionário, um burocrata. Ao passo que Von Luttwitz acreditava que havia assumido o Estado simplesmente substituindo a polícia por seus próprios soldados no serviço de ordem pública, o novo chanceler Kapp se convencera de que a ocupação dos ministérios era suficiente para garantir o funcionamento normal da máquina estatal e, portanto, para consagrar a legalidade do governo revolucionário.

    Homem muito medíocre, mas bom conhecedor dos generais e dos altos funcionários do Reich, Bauer compreendera, desde o primeiro momento, que seria inútil e perigoso opor-se com armas à demonstração de força de Von Luttwitz. A queda de Berlim nas mãos das tropas bálticas era inevitável. A polícia não sabe lutar contra soldados agressivos: ela é uma boa defesa apenas contra conspirações e revoltas populares; contra tropas disciplinadas e batizadas no fogo é inútil. Quando os capacetes de aço dos veteranos de Von Luttwitz apareceram, o destacamento de polícia que bloqueava a entrada da Wilhelmstrasse havia se rendido aos rebeldes. O próprio Noske (1868-1946), homem enérgico e partidário da resistência até o amargo fim, ao saber das primeiras deserções, decidiu seguir a atitude de Bauer e dos demais ministros. A fraqueza do governo revolucionário, pensou Bauer com razão, era a máquina estatal. Qualquer um que conseguisse parar essa máquina, ou apenas obstruir sua operação, teria atingido o governo Kapp no coração. Para impedir a vida do Estado era preciso provocar a paralisação de toda a vida pública. O posicionamento de Bauer era o de um pequeno-burguês educado na escola de Marx: apenas um burguês de classe média, um homem que respeita as instituições, imbuído de ideias socialistas, acostumado a julgar homens e fatos, mesmo os mais estranhos a sua mentalidade, a sua educação e a seus interesses, com a objetividade e o ceticismo de um funcionário do Estado, poderia conceber o audacioso plano de perturbar de maneira profunda e violenta a vida pública a fim de evitar que Kapp se valesse da ordem estabelecida para se fortalecer no poder.

Antes de deixar Berlim para se refugiar em Dresden, o governo Bauer dirigira um apelo ao proletariado, convidando os trabalhadores a proclamarem uma greve geral. A decisão de Bauer criava uma situação cheia de graves perigos para Kapp. Uma verdadeira e típica tentativa contrarrevolucionária, um retorno ofensivo das forças que permaneceram leais ao governo legal de Bauer, teria sido muito menos perigosa para Kapp do que uma greve geral: as tropas de Von Luttwitz teriam facilmente superado qualquer tentativa violenta; mas como forçar uma enorme massa de trabalhadores a voltar ao trabalho? Certamente não com armas. Kapp, que se julgava dono da situação ao meio-dia, naquela mesma noite viu-se prisioneiro de um inimigo imprevisível. Em poucas horas, a vida em Berlim foi atingida pela estagnação. A greve se alastrava por toda a Prússia. A capital estava mergulhada na escuridão: as ruas do centro pareciam desertas; nos subúrbios operários reinava uma calma absoluta. A paralisação devastara os serviços públicos: até as enfermeiras haviam abandonado os hospitais. O tráfego ferroviário com a Prússia e com o resto da Alemanha havia sido interrompido desde as primeiras horas da tarde: os trens ficaram abandonados nos trilhos; em poucos dias, Berlim estaria morrendo de fome. Da parte do proletariado não houve sequer um ato de violência, nem um gesto de revolta: os operários haviam abandonado as fábricas com a maior tranquilidade. A desordem era perfeita.

Na noite entre 13 e 14 de março, Berlim parecia dormir profundamente. Apenas no Hotel Adlon, onde encontravam-se as Missões Aliadas, todos permaneceram acordados até o amanhecer, na expectativa de acontecimentos graves. O alvorecer encontrou a capital sem pão, sem água e sem jornais, mas tranquila. Nos bairros populares, os mercados estavam desertos: a interrupção do tráfego ferroviário cortara os mantimentos da cidade. A greve, entretanto, estendia-se de uma categoria a outra de funcionários públicos e privados. Os funcionários dos correios, telefones e telégrafos não apareceram nos locais de trabalho. Bancos, lojas, cafés ficaram fechados. Muitos funcionários dos próprios ministérios se recusavam a reconhecer o governo revolucionário. Bauer previra a propagação. Kapp, incapaz de reagir à resistência passiva dos trabalhadores, recorreu à ajuda de técnicos e funcionários de confiança para tentar reiniciar as estruturas mais delicadas dos serviços públicos: porém, era tarde demais. A paralisação alcançou rapidamente a própria máquina estatal. A população operária dos subúrbios já não se mostrava tão calma como no primeiro dia: sinais de impaciência e apreensão sediciosa começavam a aparecer por toda parte. As notícias que chegavam de vários Estados do sul confrontavam Kapp com a alternativa de ceder à Alemanha, que estava sitiando Berlim, ou de ceder a Berlim, que mantinha o governo ilegal como prisioneiro. Entregar o poder nas mãos de Bauer ou nas mãos dos conselhos operários que já se formavam nos subúrbios? O golpe de Estado dera a Kapp a posse apenas do Reichstag e dos ministérios. A situação, que se agravava a cada hora, não oferecia ao governo revolucionário nem os elementos nem as oportunidades para um jogo político. Um contato com os partidos de esquerda e com os próprios partidos de direita parecia impossível. Um ato de força teria consequências imprevisíveis. Algumas tentativas das tropas de Von Luttwitz de forçar os trabalhadores a retornar ao trabalho resultaram em um derramamento de sangue sem sentido. Os primeiros mortos estendiam-se aqui e ali no asfalto das ruas: um erro fatal para um governo revolucionário que se esqueceu de ocupar as centrais elétricas e as estações ferroviárias. Aquele primeiro sangue enferrujara irremediavelmente a estrutura da máquina estatal. A prisão de alguns altos funcionários do Ministério do Exterior, ocorrida na noite do terceiro dia, revelou o quanto a indisciplina já havia abalado profundamente a burocracia. Em 15 de março, em Stuttgart, onde a Assembleia Nacional fora convocada, Bauer disse ao presidente Ebert (1871-1925), ao dar-lhe a notícia dos sangrentos incidentes em Berlim: "O erro de Kapp foi ter perturbado a desordem."

    O senhor da situação era Bauer, o medíocre Bauer, homem de respeito às instituições, o único que compreendera que a desordem era a arma decisiva para combater a tentativa revolucionária de Kapp. Um conservador imbuído do princípio da autoridade, um liberal respeitador da legalidade, um democrata fiel à concepção parlamentar de luta política jamais ousaria solicitar a intervenção ilegal das massas proletárias, confiando a defesa do Estado a uma greve geral. Apenas o Príncipe de Maquiavel poderia chamar o povo para ajudá-lo a se defender de uma conspiração palaciana ou de um ataque repentino – exemplos a esse respeito abundam na história das tiranias gregas e asiáticas e dos senhorios italianos da Renascença. O Príncipe de Maquiavel era certamente mais conservador do que um tory* do tempo da rainha Vitória: o conceito de Estado, porém, não fazia parte de seus vieses morais e de sua educação política. Entretanto, na tradição dos governos conservadores ou liberais da Europa moderna, o conceito de Estado excluía qualquer recurso à ação ilegal das massas proletárias, qualquer que fosse o perigo a evitar. Houve quem, mais tarde, na Alemanha, se perguntasse qual teria sido a atitude de Stresemann (1878-1929) se ele se encontrasse na situação de Bauer. Não há dúvida de que Stresemann teria julgado o apelo de Bauer ao proletariado de Berlim "um golpe proibido".

Aqui é preciso considerar que sua formação marxista logicamente levava Bauer a não ter escrúpulos na escolha dos meios para combater uma tentativa revolucionária. A concepção da greve geral como arma legal dos governos democráticos para defender o Estado contra uma investida militarista ou comunista não poderia ser estranha a um homem formado na escola de Marx. Bauer foi o primeiro a aplicar um princípio fundamental do marxismo na defesa de um Estado burguês. Seu exemplo é de grande importância na história das revoluções de nosso tempo.

Quando, em 17 de março, Kapp anunciou que estava abandonando o poder porque "a gravíssima situação na Alemanha exigia a união sólida de todos os partidos e de todos os cidadãos para enfrentar o perigo de uma revolução comunista", a confiança que o povo alemão, durante os cinco dias de governo ilegal, depositara em Bauer se transformou em inquietação e medo. O Partido Socialista perdera o controle da greve geral: os verdadeiros donos da situação eram agora os comunistas. Em alguns subúrbios de Berlim, foi proclamada a República Vermelha. Conselhos operários surgiam aqui e ali por toda a Alemanha: na Saxônia e no Ruhr, a greve geral foi apenas o prelúdio da revolta. O Reichswehr** encontrou-se na situação de ter que enfrentar um exército incontestavelmente

---

* Tory foi um partido político, nascido no Reino Unido, que reunia a aristocracia britânica, cuja base é a tradição e o conservadorismo, e que defendia a supremacia da ordem social. No caso, tory também é a referência que se faz aos que pertencem ao partido ou adotam suas ideias. (N. da T.)

** O Reichswehr ("Defesa do Reich") era o nome oficial das forças armadas da Alemanha, de 1919 a 1935, durante a República de Weimar e os primeiros anos do Terceiro Reich. O Reichswehr agia como um Estado dentro do Estado, e sua liderança era um importante fator de poder político na República de Weimar. (N. da T.)

comunista, armado com metralhadoras e canhões. O que Bauer teria feito? A greve geral derrubou Kapp, a guerra civil teria vencido Bauer.

Aqui a educação marxista, diante da necessidade de reprimir com força uma revolta dos trabalhadores, provou ser o ponto fraco de Bauer. "A insurreição é uma arte", diz Karl Marx: mas é a arte de conquistar o poder, não de defendê-lo. O objetivo da estratégia revolucionária de Marx é a conquista do Estado, seu instrumento é a luta de classes. Lênin, para se manter no poder, teve que derrubar alguns princípios fundamentais do marxismo. É isso o que Zinoviev (1883-1936) reconhece quando escreve que "o verdadeiro Marx é agora *impossível* sem Lênin". A greve geral tinha sido, nas mãos de Bauer, a arma para defender o Reich contra Kapp: para defender o Reich contra a insurreição proletária era necessário o Reichswehr. As tropas de Von Luttwitz, que se mostraram impotentes contra a greve geral, poderiam ter facilmente reprimido a revolta comunista: porém, Kapp desistiu do poder no momento em que o proletariado lhe ofereceu a oportunidade de enfrentar com sucesso a luta em seu próprio terreno. Um erro desses por parte de um reacionário como Kapp é incompreensível e injustificável. Por parte de um marxista como Bauer, o erro de não entender que o Reichswehr era a única arma eficaz contra a insurreição proletária é justificável em todos os aspectos. Depois de tentar, sem sucesso, chegar a um acordo com os líderes da revolta comunista, Bauer entregou o poder a Müller (1876-1931). Triste fim para um homem tão corajosamente honesto e medíocre.

A Europa liberal e catilinária ainda tinha muito a aprender com Lênin e Bauer.

V

O que teria acontecido no 18 de brumário se Bonaparte tivesse sido confrontado com um homem como Bauer? Não faltam possibilidades na relação entre Bonaparte e o honesto chanceler do Reich. Bauer decerto não tem nada do herói de Plutarco: é um bom alemão de classe média, em quem a educação marxista sufocou todo sentimentalismo. Os recursos de sua mediocridade são inesgotáveis. Que triste destino, para um homem de qualidades tão ordinárias, ter conhecido Kapp, um herói comum e sem sorte. Bauer é o rival que Bonaparte merecia, o homem necessário, no 18 de brumário, para enfrentar o vencedor de Arcole*. Bonaparte finalmente encontraria um oponente digno dele. Mas Bauer, dir-se-á, é um homem moderno, um alemão de Versalhes e de Weimar, um europeu de nosso tempo, e Bonaparte é um europeu do século XVIII, um francês que tinha vinte anos em 1789: como é possível imaginar o que Bauer teria feito no 18 de brumário para evitar o golpe de Estado? Bonaparte não era Kapp, e as condições na Paris de 1799 eram muito diferentes das de Berlim de 1920. A tática da greve geral não poderia ter sido usada por Bauer contra Bonaparte: faltavam, naquele momento, as condições necessárias para que uma greve, dada a organização social e técnica da

---

* A Batalha da ponte de Arcole, que aconteceu em 25 de novembro de 1796 entre a Primeira República Francesa e o Império Austríaco, ficou conhecida como uma das manobras mais ousadas de Napoleão. Embora a vitória tenha sido austríaca, taticamente a vitória foi francesa. Diz a história que, para servir de exemplo de coragem e força para os outros soldados, Napoleão tomou a bandeira do porta-bandeira francês e, junto ao exército, correu em linha de frente sem estar armado arriscando a própria vida. Essa vitória e o gesto de coragem feito por Napoleão foram reconhecidos pelo exército e pelo povo francês, que, a partir desta e de outras batalhas, passaram a considerá-lo um grande líder. Disponível em: https://pt.wikipedia.org/wiki/Batalha_da_ponte_de_Arcole. Acesso em 24 jan. 2022. (N. da T.)

época, pudesse ser tão eficaz a ponto de impedir o golpe de Estado. Além de todas as outras considerações, a questão de estabelecer qual teria sido a tática de Bauer no 18 de brumário e qual poderia ser a relação entre Bonaparte e o chanceler do Reich é muito mais interessante do que se poderia pensar.

Bonaparte não é apenas um francês do século XVIII, é sobretudo um homem moderno, sem dúvida muito mais moderno que Kapp. A relação entre sua forma de pensar e a de Bauer é a relação entre a concepção de legalidade em um Primo de Rivera ou em um Pilsudski, isto é, em qualquer general moderno disposto a tomar o poder, e a concepção de legalidade em qualquer ministro pequeno-burguês de nossos tempos, disposto a defender o Estado com qualquer meio. É bom levar em conta, para que tal relação não pareça arbitrária, que o contraste entre a concepção clássica e a moderna de tomada do poder se manifesta pela primeira vez em Bonaparte; que o 18 de brumário é o primeiro golpe de Estado em que aparecem expostos os problemas das táticas revolucionárias modernas. Os erros, as obstinações, as dúvidas de Bonaparte são os de um homem do século XVIII que teve de resolver problemas novos e delicados que apareceram dessa forma pela primeira vez, e em uma ocasião tão extraordinária, ou seja, os problemas relacionados à natureza complexa do Estado moderno. O mais grave desses erros, o de ter fundado o plano do 18 de brumário no que concerne à legalidade e no mecanismo do procedimento parlamentar, revela, de fato, em Bonaparte uma sensibilidade tão aguçada para certos problemas atuais do Estado e uma inquietação tão inteligente diante dos perigos da multiplicidade e da fragilidade das relações entre o Estado e o cidadão que fazem dele um homem absolutamente moderno, um europeu de nosso tempo. Apesar dos erros de concepção e execução, o 18 de brumário continua sendo um modelo de golpe de Estado parlamentar: sua atualidade consiste no fato de que qualquer golpe de Estado parlamentar, na Europa moderna, só pode ocorrer com esses erros de concepção e execução. Aqui voltamos a Bonaparte e Bauer, Primo de Rivera e Pilsudski.

Nas planícies da Lombardia, Bonaparte se preparava para tomar o poder civil estudando nos clássicos o exemplo de Sula, Catilina e César. A conspiração de Catilina não poderia ter um interesse particular para Bonaparte. No fundo, Catilina é um herói fracassado, um político sedicioso sem audácia e com muitos escrúpulos. Que chefe de polícia extraordinário, esse Cícero! Com que habilidade ele conseguiu trazer Catilina e seus cúmplices para a armadilha! Com que cinismo violento ele realizar contra os conspiradores o que hoje seria chamado de campanha de imprensa! Como ele soube aproveitar todos os erros do adversário, todas as minúcias processuais, todas as ciladas, e a covardia, as ambições, o medo, os instintos baixos dos nobres e da plebe! Bonaparte, àquela altura, mostrava, com prazer, um profundo desprezo pelos sistemas policiais: aquele pobre Catilina tinha, a seu ver, o ar de um sedicioso imprudente, um teimoso sem vontade, cheio de bons propósitos e de más intenções, de um revolucionário sempre indeciso sobre o tempo, o lugar e os meios, incapaz de sair às ruas no momento certo, de um *communard** que não conseguia se resolver entre a conspiração e a barricada, que desperdiçou um tempo precioso ouvindo o *quousque tandem*** de Cícero e organizando a campanha eleitoral contra o *bloco nacional*, de um Hamlet caluniado, isto é, vítima das intrigas de um famoso advogado e das ciladas da polícia. Mas aquele Cícero, que homem inútil e necessário! Pode-se dizer dele o que Voltaire disse aos jesuítas: *"Pour que les jésuites soient utiles, il faut les empécher d'être nécessaires."* ["Para que os jesuítas sejam úteis, é preciso impedi-los de serem necessários."] No entanto, por mais que despreze, por ora, os sistemas policiais, por mais que a ideia de uma investida organizada pela polícia lhe cause repulsa, naquele momento, a habilidade de Cícero o tenta e o preocupa não menos que uma brutal revolução de quartel. Talvez tal homem, algum dia, pudesse ser útil para ele: nunca se sabe. O deus da fortuna tem duas faces, como Janus: tem o rosto de Cícero e o rosto de Catilina.

Bonaparte, como todos aqueles que conquistaram ou se preparam para conquistar o poder pela violência, também teme parecer, aos olhos dos franceses, uma espécie de Catilina, um homem disposto a tudo para ter sucesso em seus desígnios sediciosos, a alma obscura de uma conspiração sombria, um imprudente ambicioso capaz de qualquer excesso, um criminoso pronto para saques, massacres e incêndios, determinado a vencer a qualquer custo ou a enterrar-se com seus inimigos nas ruínas de sua pátria. Ele sabe bem que a figura de Catilina não é aquela que a lenda e a calúnia criaram: ele sabe bem que as acusações de Cícero são infundadas, que as catilinárias são um tecido de mentiras, que juridicamente o processo contra Catilina é um crime, que, na realidade, esse criminoso sedicioso não passava de um político medíocre, um manipulador inapto, um teimoso hesitante, de quem a polícia conseguiria se livrar sem esforço, com alguns espiões e algum

---

* Denominação dos membros e apoiadores da Comuna de Paris em 1871 formada e destruída no início da Guerra Franco-Prussiana e com derrota francesa. Somente em 1880 houve uma anistia geral para os *communards* aprisionados ou exilados. (N. da T.)
** "Até quando." Essa expressão consiste nas palavras iniciais do discurso de Cícero, no Senado romano, contra Catilina. (N. da T.)

agente provocador. Bonaparte sabe muito bem que o erro mais grave de Catilina é o de perder o jogo, de dar a conhecer a todos que preparava secretamente um golpe de Estado e de não conseguir completar o intento. Se ao menos ele tivesse tido a coragem de tentar o golpe! Não se pode dizer que ele tenha perdido oportunidades: a situação interna era tal que o governo teria sido impotente para frustrar uma tentativa revolucionária. Não é apenas de Cícero todo o crédito se alguns discursos e algumas medidas policiais bastaram para salvar a República de tão grave perigo. No fundo, Catilina terminou de uma forma melhor do que poderia ter terminado; por morrer em combate, seu fim foi o do grande patrício e do bravo soldado que era. Mas Bonaparte não está errado em pensar que foi inútil fazer tanto barulho, comprometer-se tanto e causar tanta ruína, apenas para depois, a um certo momento, fugir para as montanhas e encontrar uma morte digna de um romano. Catilina, em sua opinião, poderia ter terminado melhor.

As façanhas de Sula e de Júlio César foram as que mais ofereceram a Bonaparte argumento para refletir sobre seu próprio destino: o mais próximo do caráter de seu gênio e do espírito de seu tempo. O conceito que o guiará na preparação e execução do golpe de Estado do 18 de brumário ainda não havia amadurecido nele. A arte de conquistar o poder parecia-lhe uma arte essencialmente militar: a estratégia e as táticas de guerra aplicadas à luta política, a arte de mover exércitos no terreno das competições civis.

No plano estratégico para a conquista de Roma, não é revelado o gênio político de Sula e César, mas seu gênio militar. As dificuldades que eles têm que superar para tomar Roma são dificuldades de natureza exclusivamente militar: eles se veem tendo que lutar contra exércitos, não contra parlamentos. É um erro considerar o desembarque em Bríndisi e a travessia do Rubicão como os atos iniciais de um golpe de Estado: a sua ação tem um caráter estratégico, e não um caráter político. Quer se chamem Sula ou César, Aníbal (247-183 a.C.) ou Belisário (505-565), o objetivo de seus exércitos é a conquista de uma cidade, é um objetivo estratégico. Sua conduta é a dos grandes capitães, para quem a arte da guerra não tem segredos. Em Sula e César, fica claro que o gênio militar é muito superior ao político. Pode-se observar que nas campanhas, que começaram com o desembarque em Bríndisi e com a travessia do Rubicão, eles não obedecem apenas a um conceito estratégico: há uma implicação política em cada movimento de suas legiões. Mas a arte da guerra é uma arte cheia de insinuações e segundas intenções. Qualquer capitão, Touraine, Carlos XI (1655-1697) ou Foch (1851-1929), é o instrumento da política do Estado, sua estratégia obedece aos interesses políticos do Estado. A guerra visa sempre a fins políticos: é apenas um aspecto da política do Estado. A história não tem exemplo de um capitão que tenha feito guerra pela guerra, arte pela arte: não há amadores nem entre os pequenos nem entre os grandes capitães, nem mesmo entre os comandantes. O lema de John Hawkwood (1320-1394), líder inglês a serviço da República Florentina, "A guerra é feita para viver, não para morrer", não é o de um amador, nem a façanha de um mercenário: expressa a mais alta justificativa da guerra, sua moral. Poderia ser o lema de César, de Federico (1712-1786), de Nelson, de Bonaparte. É natural que Sula e César, movendo os exércitos para conquistar Roma, tivessem um propósito político. Mas é justo dar a César o que é de César, e a Sula o que é de Sula. Eles não deram um golpe de Estado. Uma conspiração palaciana se assemelha muito mais a um golpe de Estado do que às famosas campanhas, com as quais os dois grandes capitães tomaram a República. Sula levou um ano para abrir o caminho de Bríndisi a Roma com armas, ou seja, para completar a tentativa revolucionária iniciada em Bríndisi: tempo demais para um golpe de Estado. Mas a arte da guerra, como se sabe, tem suas regras e suas exceções, às quais Sula obedecia, e a essas apenas. Sula e César começaram a obedecer às regras e às exceções da política somente depois de sua entrada em Roma: e mais às exceções do que às regras, como é a natureza e o costume dos capitães quando se colocam a dar novas leis e uma nova ordem para as cidades conquistadas. Bonaparte, nas planícies da Lombardia, naquele ano de 1797, tão cheio de possibilidades para qualquer general inescrupuloso e mais ousado que ambicioso, deve ter começado a pensar que o exemplo de Sula e César poderia ser-lhe fatal. No fundo, entre o erro de Hoche (1768-1797), que imprudentemente aceitara colocar-se a serviço do Diretório* para tentar um golpe de Estado, e o exemplo de Sula e César, o erro de Hoche parecia-lhe menos perigoso. Na proclamação de 14 de julho aos soldados da Itália, Bonaparte advertiu o clube de Clichy que o exército estava pronto para cruzar os Alpes e para marchar sobre Paris a fim de garantir a Constituição, defender a liberdade, proteger o governo e os republicanos. Nessas palavras, sente-se mais a preocupação de não se deixar levar pela impaciência de Hoche do que a febre secreta de imitar César.

---

* O Diretório (de Paris) foi o regime político adotado pela Primeira República Francesa entre 26 de outubro de 1795 (no calendário revolucionário, 4 de termidor do ano IV) e o golpe de Estado do 18 de brumário do ano VIII (9 de novembro de 1799). Foi assim chamado porque o poder executivo era exercido por cinco membros, denominados diretores. De inspiração burguesa, o Diretório foi instaurado por republicanos moderados. (N. da T.)

Mantenha o Diretório como um amigo, mas não fique publicamente muito a seu lado: esse é o problema do ano de 1797; dois anos depois, às vésperas do 18 de brumário, o problema será manter o Diretório como amigo, mas assumidamente alinhar-se entre seus adversários. Desde 1797, aos poucos, vinha surgindo em seu espírito a ideia de que o instrumento do golpe de Estado deveria ser o exército, mas enquanto um instrumento que pareça obedecer às leis: sua ação deve preservar todas as aparências de legalidade. É essa preocupação com a legalidade que revela em Bonaparte a formação de uma concepção de golpe de Estado, já distante dos exemplos clássicos, exemplos ilustres e perigosos.

VI

Entre os numerosos protagonistas do 18 de brumário, quem mais parece deslocado é Bonaparte. Desde que voltou do Egito, ele não faz senão preocupar-se, expor-se à admiração, ao ódio, à suspeita e ao ridículo, ele não faz nada além de desnecessariamente se comprometer. Suas gafes começam a preocupar Sieyès e Talleyrand: o que Bonaparte quer? Deixe para os outros. Sieyès e Luciano tomam conta de tudo, certificam-se de tudo: o assunto é resolvido nos mínimos detalhes. Sieyès, sensível e meticuloso, acredita que um golpe de Estado não pode ser arranjado em um dia. O perigo que deve ser evitado é a impaciência de Bonaparte: e seu gosto pela retórica, acrescenta Talleyrand. Não é César nem Cromwell, mas simplesmente Napoleão. Caso se queira que as aparências de legalidade sejam asseguradas, que o golpe de Estado não pareça nem uma revolução de caserna nem uma conspiração organizada pela polícia, mas uma revolução parlamentar, realizada com a cumplicidade dos anciãos* e dos quinhentos** e regulada por um procedimento delicado e tortuoso, é preciso que Bonaparte não insista em certas atitudes. Um general vitorioso, que se prepara para tomar o poder com a ajuda das leis e da violência, não deve ficar buscando aplausos ou perder tempo com intrigas. Sieyès previu tudo e tudo organizou: até aprendeu a andar a cavalo, em caso de triunfo ou fuga. Enquanto isso, Luciano, eleito presidente do Conselho dos Quinhentos,

---

* O Conselho dos Anciãos, durante a Revolução Francesa, foi uma câmara legislativa mais conservadora, criada após a derrota dos jacobinos; os conservadores da Gironda reformaram o Estado aprovando uma nova Constituição que então criou o Conselho. (N. da T.)
** O Conselho dos Quinhentos consistiu em uma assembleia legislativa da França no período da revolução que, com o Conselho dos Anciãos, foi instituída pela Constituição do ano III. Depois do golpe do 18 de brumário, o Conselho dos Quinhentos foi dissolvido por Napoleão Bonaparte. (N. da T.)

propõe a nomeação de quatro inspetores da sala do Conselho, cuja cumplicidade ele assegurou. Em uma revolução parlamentar, inclusive os porteiros têm uma grande importância. Os inspetores da sala do Conselho dos Anciãos estão nas mãos de Sieyès. Para justificar a convocação dos Concílios fora de Paris, em Saint-Cloud, é preciso um pretexto: um complô, uma conspiração jacobina, um perigo público. O presidente Sieyès coloca em movimento a máquina policial: o pretexto está criado, a polícia trama a terrível conspiração jacobina, a República se encontra oficialmente em perigo. Em Saint-Cloud, os Conselhos poderão reunir-se em segurança. Tudo prossegue de acordo com o plano estabelecido.

Bonaparte também alcançou os outros: suas atitudes são mais cautelosas, sua diplomacia é menos ingênua, seu otimismo é mais prudente. Aos poucos, ele foi se convencendo de que se tornara o *deus ex machina* de todas as intrigas: essa convicção lhe basta, dá-lhe a certeza absoluta de que tudo sairá como ele deseja. Mas são os outros que o guiam pelas armadilhas, é Sieyès quem o conduz pela mão pelo labirinto. Bonaparte ainda é um soldado, e exclusivamente um soldado: seu gênio político só será revelado depois do 18 de brumário. Esses grandes capitães, sejam eles Sula, César ou Bonaparte, durante a preparação e execução do golpe de Estado não passam de militares: quanto mais eles tentam permanecer na lei, mostrar respeito fiel aos negócios públicos, tanto mais seus atos são ilegais, mais seu profundo desprezo pelos assuntos públicos é revelado. Quando descem do cavalo para se aventurar, a pé, no terreno político, sempre se esquecem de tirar as esporas. Luciano Bonaparte, que observa seu irmão, estuda seus gestos, espia seus pensamentos secretos com um sorriso no qual já há o pressentimento de um rancor, Luciano, o cúmplice mais necessário e mais perigoso, aquele que salvará a situação no momento final, ele agora tem mais confiança em seu irmão do que em si mesmo. Está tudo pronto. Quem poderia desviar o curso dos acontecimentos? Que força poderia se opor ao golpe de Estado?

O plano de Sieyès assenta-se sobre um erro fundamental: o respeito pela legalidade. Inicialmente, Sieyès se opôs a manter a ação dentro dos limites da legalidade: era preciso deixar margem para situações imprevistas, nas quais a violência revolucionária se sai muito bem. Os passos estão sempre cheios de perigos. Para aquele teórico constitucional, um golpe de Estado jurídico parecia absurdo. Mas Bonaparte é inflexível: por respeito à legalidade, ele sacrifica até mesmo a prudência. Na noite de 17 para 18 de brumário, quando Sieyès lhe avisa que os subúrbios estão agitados e que seria uma boa precaução prender cerca de vinte deputados, Bonaparte se recusa a cometer um ato ilegal. Ele quer fazer uma revolução parlamentar, tomar o poder civil sem ilegalidade e sem violência. Fouché lhe oferece seus serviços, ele responde que não precisa da polícia. *Sancta simplicitas!** Basta-lhe o prestígio, a glória de seu nome. Mas no terreno da legalidade a qualquer custo, aquele general impetuoso, aquele homem de guerra com a boca cheia de palavras retóricas, não sabe se mover: assim que se encontra diante do Conselho dos Anciãos, na manhã do 18 de brumário, ele esquece o papel que assumiu, o do vencedor de batalhas chamado a colocar sua espada a serviço dos representantes da nação. Ele não percebe que aos olhos dos anciãos deve figurar não mais como um novo César, mas como um defensor da Constituição, ameaçada pela conspiração jacobina. Qual é o papel que ele deve representar? O de um general nomeado pelo Conselho dos Anciãos para assegurar a transferência pacífica do Corpo Legislativo para Saint-Cloud. Sua prudência deve consistir em aparecer como personagem secundário, numa comédia parlamentar cujo protagonista principal é o Corpo Legislativo.

Contudo, as palavras que ele profere, cercado por uma multidão de esplêndidos oficiais com alamares de ouro e de prata, diante daquela assembleia de pequeno-burgueses de óculos e intimidados, parecem inspiradas por um deus invejoso de sua sorte. Toda a base da retórica que uma leitura mal compreendida das façanhas de Alexandre e César deixou nele sobe-lhe aos lábios, amarra-lhe a língua: "Nós queremos a República, fundada na verdadeira liberdade, na liberdade civil, na representação nacional: nós a teremos, eu juro!". Os oficiais que o cercam repetem o juramento em coro. Os anciãos assistem à cena, mudos e atordoados. A qualquer momento, daquela assembleia domesticada, um homem comum, um homenzinho comum, pode se levantar contra Bonaparte, em nome da liberdade da República, da Constituição, palavras retóricas, grandes palavras agora vazias de sentido, mas ainda perigosas. Sieyès previu o perigo: durante a noite, os inspetores do salão fizeram desaparecer a convocação dos deputados suspeitos. Mas Bonaparte deve ter especial cuidado com os homenzinhos insignificantes, dos quais nem Sieyès desconfia. E eis que um deputado, Garat (1749-1833), levanta-se para pedir a palavra: "Nenhum desses guerreiros se comprometeu com o artigo da Constituição." Bonaparte empalidece, vira-se chocado. Mas o

---

* "Santa simplicidade!" Exclamação atribuída a João Huss, reformador checo (1370-1415), ao ver uma velhinha lançar uma acha de lenha à fogueira em que ele se consumia. É empregada em sentido irônico a fim de censurar um ato ou frase que revela ingenuidade. (N. da T.)

presidente intervém a tempo, interrompe Garat, e a sessão é encerrada com o grito de "Viva a República!".

Durante a revista, diante das tropas alinhadas no jardim das Tulherias, Bonaparte tira a máscara. Após as famosas palavras dirigidas em voz alta a Bottot, ao sair do salão do Conselho dos Anciãos, seu discurso aos soldados soa como um desafio e uma ameaça. Ele agora está seguro de si. Mas Fouché insiste na necessidade de prender os deputados mais turbulentos. Bonaparte se recusa a dar a ordem: seria um erro inútil, agora que tudo está bem encaminhado; mais algumas formalidades e o golpe está feito. Seu otimismo revela o quão deslocado ele se encontra nesse jogo perigoso. No dia seguinte, 19 de brumário, em Saint-Cloud, quando o próprio Sieyès percebe os erros que cometeu e começa a ter medo, Bonaparte continua a mostrar um tal otimismo de ama-seca, uma tal confiança de ama-seca em seu prestígio, uma tamanha parcela de desprezo pelos "advogados" do Corpo Legislativo que Talleyrand não sabe se deve julgá-lo como imprudente ou iludido.

Ao conceber seu plano, baseado nas aparências de legalidade e no mecanismo do procedimento parlamentar, Sieyès não levou em conta os pequenos fatos. Por que razão os Concílios não foram convocados em Saint-Cloud, no dia 18, mas no dia 19 de brumário? É um erro ter deixado 24 horas aos adversários para estudarem a situação e organizarem a resistência. Por que razão, no dia 19, em Saint-Cloud, os anciãos e os quinhentos não se reuniram imediatamente, ao meio-dia, mas apenas às duas da tarde? Nessas duas horas, os deputados tiveram a oportunidade de trocar impressões, ideias, intenções, de acordar a respeito da ação a ser realizada em comum para se opor a qualquer tentativa de fraude ou violência. Os quinhentos se declararam determinados a tudo: a visão dos soldados que os cercavam por todos os lados os exaspera; furiosamente eles vagavam pelas avenidas e áreas ao ar livre, perguntando-se em voz alta: "Por que não ficamos em Paris? Quem inventou a história da conspiração? Apontem os nomes, revelem as provas!". Sieyès, que se esqueceu de fabricar as provas da conspiração jacobina, olha em volta, percebe que muitos sorriem, que muitos empalidecem, que Bonaparte, nervoso, inquieto, irascível, começa a entender que a situação não é clara, que tudo pode depender de uma palavra, de um gesto: Ah, se ele tivesse escutado Fouché! Mas agora é tarde demais, precisamos confiar no acaso, não há mais nada a fazer. Como tática revolucionária, é uma tática original.

Às duas horas, o Conselho dos Anciãos se reúne: desde as primeiras falas, o plano de Sieyès está comprometido. Esses pequeno-burgueses, geralmente tão calmos, nos quais Sieyès baseou todas as suas esperanças, parecem invadidos por uma fúria sagrada: felizmente ninguém pode intervir nesse tumulto. Entretanto, no Orangerie, onde se reuniam os quinhentos, uma tempestade de injúrias, acusações e ameaças atingiu o presidente, Luciano Bonaparte. Tudo está perdido, pensa Sieyès, que, de repente pálido, se aproxima da porta: na expectativa de uma fuga, uma carruagem o espera na beira do parque. Uma carruagem é mais confortável e segura do que um cavalo. Na preparação do golpe de Estado, eis um detalhe que não poderia passar despercebido a um homem tão perspicaz. Além disso, Sieyès não é o único a se sentir incomodado, naqueles salões do primeiro andar onde Bonaparte e seus cúmplices aguardam, impacientes, o resultado da votação. Se os anciãos não aprovarem o decreto que dissolve os Conselhos, nomearem três cônsules provisórios e estabelecerem a reforma da Constituição, o que fará Bonaparte? Nesse caso, que ação o plano revolucionário predeterminado e editado por Sieyès prevê até o mais ínfimo detalhe? Sieyès não prevê senão a fuga em uma carruagem.

Até agora, a conduta de Bonaparte, preocupado, sobretudo, em salvar as aparências de legalidade e permanecer no campo do processo parlamentar, foi, pode-se dizer em termos modernos, a de um liberal. Desse ponto de vista, Bonaparte é um pioneiro: todos os soldados que, depois dele, tentaram tomar o poder civil aderiram à regra de parecerem liberais até o último deles, ou seja, até o momento de recorrer à violência. Devemos sempre estar atentos, especialmente hoje, ao liberalismo militar.

Assim que ele percebe que a oposição dos anciãos e dos quinhentos comprometia agora o plano de Sieyès, Bonaparte decide forçar o procedimento parlamentar com sua presença. Ainda é uma forma de liberalismo, é claro, o liberalismo dos militares: uma forma de violência liberal. Quando Bonaparte aparece, o tumulto diminui na sala dos anciãos. Mas esse César, esse Cromwell, é, mais uma vez, traído pela retórica: seu discurso, a princípio saudado por um respeitoso silêncio, aos poucos desperta um murmúrio de desaprovação. Com as palavras "*Si je suis un perfide, soyez tous des Brutus*" ["Se eu sou traidor, sede vós todos Brutus"], algumas risadas se erguem do fundo da sala. O orador se confunde, para, gagueja, recomeça com voz estridente: "*Souvenez-vous que je marche accompagné du dieu de la guerre et du dieu de la fortune!*". ["Lembrai-vos que ando acompanhado do deus da guerra e do protetor supremo!"] Os deputados se emocionam, aglomeram-se em volta da tribuna, todos riem. "General, você não sabe mais o que está dizendo", murmura, em seu ouvido, o fiel Bourrienne (1769-1834), agarrando-o pelo braço. Bonaparte o segue e sai da sala.

Quando, pouco depois, escoltado por quatro granadeiros e alguns oficiais, cruza a soleira do Orangerie, os quinhentos o recebem com um grito furioso – *"Hors la loi! À bas le tyran!"* ["Fora da lei! Abaixo o tirano!"] –, lançam-se sobre ele, cobrem-no de insultos, golpeiam-no. Os quatro granadeiros se amontoam em volta dele para protegê-lo de ser espancado, os oficiais tentam retirá-lo do tumulto, até que Gardanne (1758-1807) o levanta e consegue tirá-lo de lá. Tudo o que resta é a fuga, pensa Sieyès; ou a violência, diz Bonaparte a seus partidários. Na sala dos quinhentos, o decreto de proscrição é posto em votação: em poucos minutos aquele César, aquele Cromwell, será *"hors la loi"*. É o fim. Bonaparte coloca-se a cavalo, apresenta-se às tropas e grita: "Às armas!". Os soldados o aclamam, mas não se mexem. É a cena mais antiga desses dois dias famosos. Com o rosto branco, trêmulo de raiva, Bonaparte olha em torno: o herói de Arcole não consegue mover um batalhão. Se Luciano não tivesse chegado naquele momento, tudo estaria perdido. É Luciano quem agita os soldados, quem quebra a procrastinação, quem força a situação; é Murat (1767-1815) quem desembainha o sabre e, cheio de autoridade, arrasta os granadeiros contra os quinhentos.

"Général Bonaparte, cela n'est pas correct" ["General Bonaparte, isso não está certo"], diria Moutron mais tarde, recordando-se da palidez daquele César, daquele Cromwell. Moutron, a quem Roederer (1754-1835) chamava de Talleyrand a cavalo, conservará, ao longo de sua vida, a convicção de que aquele herói de Plutarco, em Saint-Cloud, teve um momento de medo, e que o homem mais sombrio da França, um dos muitos "advogados" do Corpo Legislativo, um homenzinho comum poderia, sem perigo, naqueles dois dias famosos, com um único gesto, uma única palavra, destruir o destino de Bonaparte e salvar a República.

Disse um historiador: *"Jamais coup d'Etat plus mal conçu ne fut plus mal conduit."* ["Nunca um golpe de Estado tão mal concebido foi mais mal conduzido."] O plano de Sieyès, baseado no respeito à legalidade e no mecanismo do procedimento parlamentar, teria, sem dúvida, fracassado se os anciãos e os quinhentos tivessem sabido tirar proveito do erro de Sieyès. Uma tática ofensiva baseada na lentidão do procedimento parlamentar só pode levar ao fracasso. Se os Conselhos, com a ameaça do decreto de proscrição, não houvessem colocado Bonaparte na necessidade de abreviar, de abandonar o terreno da legalidade e de recorrer à violência, o golpe de Estado teria sido encoberto em um processo parlamentar. A tática defensiva dos Conselhos devia consistir em ganhar tempo, em manter as coisas funcionando. Na tarde de 19 de brumário, em Saint-Cloud, Sieyès finalmente entendeu seu erro: o tempo trabalhava para o Corpo Legislativo. Em que terreno se movia Bonaparte? No terreno do procedimento parlamentar. Qual era a força do Corpo Legislativo? O procedimento. Qual é a força do procedimento parlamentar? A lentidão. Mais algumas horas, e as reuniões dos Conselhos seriam adiadas para o dia seguinte; o golpe de Estado, que havia já perdido 24 horas, sofreria outro atraso; no dia seguinte, em 20 de brumário, com a reabertura das sessões do Legislativo, a situação de Bonaparte teria sido bem diferente. Sieyès estava ciente disso. Em seu plano revolucionário, os Conselhos representavam os instrumentos do golpe de Estado: Bonaparte não podia prescindir deles, eram-lhe indispensáveis. Era preciso apressar, impedir o adiamento das sessões, evitar o perigo de uma luta aberta entre o Legislativo e Bonaparte, entre a Constituição e o golpe de Estado: mas por quais meios? O plano de Sieyès e a lógica de Bonaparte excluíam a violência. Ainda assim, era preciso ser abreviada. Era, portanto, necessário recorrer à persuasão, entrar nas salas dos Conselhos, falar com os deputados, tentar forçar o procedimento parlamentar com boas maneiras. A origem da estranha conduta de Bonaparte está no que tem sido chamado de seu liberalismo.

Mas esse seu comportamento provoca, felizmente para ele, o erro irreparável dos Conselhos: a violência contra ele, o decreto de proscrição. Os anciãos e os quinhentos não entenderam que o segredo de sua força, diante de Bonaparte, consistia em prolongar as coisas por muito tempo, em não aceitar provocações, em confiar na lentidão do procedimento. Em todos os golpes de Estado, a regra tática dos catilinários é abreviar; a dos defensores do Estado é ganhar tempo. O erro dos Conselhos colocou Bonaparte contra a parede: ou fuga ou violência. Os "advogados" do Corpo Legislativo deram-lhe involuntariamente uma lição de tática revolucionária.

O exemplo de Bonaparte e Sieyès, que usam o exército como instrumento legal para resolver o problema da conquista do Estado no campo dos procedimentos parlamentares, ainda tem grande influência sobre todos aqueles que poderiam ser chamados de bonapartistas, os quais pretendem conciliar o uso da violência com o respeito à legalidade e realizar uma revolução parlamentar com a força das armas. Qual é a ilusão de Kapp? A de ser o Sieyès de Von Luttwitz, de realizar um golpe de Estado parlamentar. No que Ludendorff estava pensando em 1923 quando se aliou a Hitler e a Kahr para marchar sobre Berlim? No 18 de brumário. Qual é seu objetivo estratégico? O mesmo de Kapp, ou seja, o Reichstag, a Constituição de Weimar. Primo de Rivera aposta nas cortes. Pilsudski, na assembleia. Também Lênin, inicialmente, no verão de 1917, caiu no erro dos bonapartistas. Entre as razões que justificam o fracasso da tentativa insurrecional de julho, a mais grave é que o Comitê Central do Partido Bolchevique e o próprio Lênin, após a experiência do primeiro Congresso dos Soviets, eram contrários à insurreição: eles tinham em vista apenas um objetivo de natureza parlamentar, a conquista da maioria dentro dos soviets até as vésperas do golpe de Estado; a única preocupação de Lênin, que depois das jornadas de julho refugiou-se na Finlândia, era a de garantir a maioria no segundo Congresso dos Soviets, a se reunir em outubro: estrategista medíocre, ele finge, antes de dar o sinal da insurreição, ter assegurado o respaldo do lado parlamentar; "como Danton e Cromwell", observa Lunatcharski (1875-1933), "Lênin é um gênio oportunista".

    A regra fundamental da tática dos bonapartistas é o oportunismo. O que a distingue da tática dos catilinários de esquerda é a escolha do terreno parlamentar como o mais propício para conciliar o uso da violência no que diz respeito à legalidade. É essa a característica do 18 de brumário. Os bonapartistas, como todos os catilinários de direita, são homens de respeito às instituições, conservadores ou reacionários, que pretendem tomar o poder tendo como propósito aumentar o prestígio, a força e a autoridade do Estado. Kapp, Primo de Rivera, Pilsudski e o próprio Hitler estavam preocupados em justificar sua atitude sediciosa proclamando-se não inimigos, mas servidores do Estado. O que eles mais temem é serem declarados fora da lei. O exemplo de Bonaparte, que empalidece com o anúncio de ser colocado "*hors la loi*", pertence à tradição revolucionária da qual eles são os continuadores. Seu objetivo tático é o Parlamento: eles querem conquistar o Estado através do Parlamento. Só o Poder Legislativo, tão propenso a contemporizações e conivências, pode ajudá-los a inserir o fato consumado na ordem estabelecida, enxertando a violência revolucionária na legalidade constitucional.

O Parlamento é o cúmplice necessário, não voluntário, e, ao mesmo tempo, a primeira vítima do golpe de Estado bonapartista. Ou o Parlamento aceita o fato consumado e o legaliza formalmente, transformando o golpe de Estado em mudança de ministério, ou os catilinários dissolvem o Parlamento e deixam a tarefa de legalizar a violência revolucionária para uma nova assembleia. Mas o Parlamento que aceita legalizar o golpe de Estado não faz senão decretar seu próprio fim: não há exemplo, na história das revoluções, de uma assembleia que não tenha sido a primeira vítima da violência revolucionária que aceitou legalizar. Para aumentar o prestígio, a força e a autoridade do Estado, a lógica bonapartista concebe apenas a reforma da Constituição e a limitação das prerrogativas parlamentares. A única garantia de legalidade, para o golpe de Estado bonapartista, consiste em uma reforma constitucional que limite as liberdades públicas e os direitos do Parlamento. Liberdade: eis o inimigo.

A tática bonapartista é obrigada a se manter a qualquer custo no terreno da legalidade: ela não prevê o uso da violência exceto para permanecer nesse terreno ou para retornar a ele se for forçada a deixá-lo. O que faz Bonaparte, o legalista Bonaparte do 18 de brumário, quando descobre que os quinhentos o declararam "*hors la loi*"? Ele recorre à violência, ordena aos soldados que deixem o Orangerie, persegue e dispersa os representantes da nação. Todavia, poucas horas depois, Luciano, presidente do Conselho dos Quinhentos, apressa-se a juntar algumas dezenas de deputados, volta a reunir o Conselho e desse simulacro da assembleia procede à legalização do golpe de Estado. A tática do 18 de brumário só pode ser aplicada em terreno parlamentar. A existência do Parlamento é a condição indispensável do golpe de Estado bonapartista: numa monarquia absoluta só são concebíveis conspirações palacianas ou sedições militares. Nesse sentido, é preciso alertar que não é possível estabelecer nenhuma relação entre o golpe de Estado bonapartista e a sedição militar. A característica das sedições militares é o absoluto desprezo pela legalidade. O princípio fundamental que rege a tática bonapartista é a necessidade de conciliar o uso da violência em relação à legalidade. Esse princípio é de uma natureza tão delicada que exige o uso de realizadores, poucos e disciplinados, acostumados a obedecer à vontade dos líderes e a se mover de acordo com um plano predeterminado nos mínimos detalhes, e absolutamente exclui a participação de massas impulsivas e incontroláveis em uma ação revolucionária, destinada a acontecer em um terreno obrigatório, como em um tabuleiro de xadrez, onde o menor erro no movimento de um peão pode produzir efeitos incalculáveis e comprometer o resultado do jogo. A tática bonapartista não é apenas um jogo de força: é, sobretudo, um jogo de avaliação e habilidade. Suas características não são as de uma revolta popular, na qual predomina a violência instintiva e cega das massas, nem as de uma sedição militar, em que a brutalidade dos sistemas vem acompanhada pela mais grosseira falta de compreensão da importância dos fatores políticos e morais e pelo mais profundo desprezo pela legalidade, mas são as características de um exercício militar, quase de um jogo de xadrez, na qual cada ator tem sua tarefa específica e seu lugar designado, e cujo conceito de governo é puramente político, dominado por uma atenta e constante preocupação de fazer, de cada realizador, o peão de um jogo parlamentar, não de um jogo de guerra ou de quartel.

 O que distingue o golpe de Estado bonapartista de qualquer outro golpe de Estado é o fato de os políticos representarem, aparentemente, uma parte muito menos importante do que aquela que os realizadores apoiam. Em outras palavras, sua concepção parece menos importante do que sua execução. A parte principal, a mais visível, é representada pelos realizadores. Isso adula o amor-próprio dos militares e explica por que razão o golpe de Estado bonapartista é o que mais se adapta a sua mentalidade e mais provoca sua ambição. Um general nunca será capaz de entender Mussolini ou Trótski, ou mesmo Cromwell, embora Cromwell possa lhe parecer mais um grande capitão do que um grande político, nem pensará em imitá-los; mas ele entenderá Kapp, Primo de Rivera, Pilsudski ou o próprio Bonaparte, e sentirá que pode imitá-los de vez em quando.

 O exemplo de Kapp, Primo de Rivera e Pilsudski é muito grave para a Europa liberal e democrática. Ele colocou em evidência, entre os perigos da atual situação europeia, o que era considerado o perigo mais característico da Europa do século passado, e que agora, após o advento das grandes democracias parlamentares, parecia ter sido eliminado para sempre da política moderna: o perigo dos generais.

O desenvolvimento do parlamentarismo dificulta ou favorece as ambições bonapartistas? A importância alcançada pelo parlamentarismo nas democracias, sem dúvida, favorece as possibilidades de um golpe de Estado bonapartista: com a progressiva parlamentarização da vida moderna, ampliou-se o terreno particularmente favorável para a aplicação da tática do 18 de brumário. Deste ponto de vista, não estão errados aqueles que consideram a Inglaterra o país mais exposto ao perigo do 18 de brumário. Não se deve esquecer que o Parlamento é a maior tradição do povo britânico e, ao mesmo tempo, a fundação do Império; que o parlamentarismo é o elemento mais importante da vida moral, política e social da Inglaterra, e que a única grande revolução inglesa foi uma revolução parlamentar. Não é sem razão que, neste caso, a palavra "revolução" foi usada, em vez de golpe de Estado.

Às considerações sobre o perigo que o desenvolvimento do parlamentarismo representa na vida moderna, em relação à eventualidade de um golpe bonapartista, é preciso acrescentar que o exemplo do 18 de brumário tem grande influência na forma de pensar dos militares. Clemenceau dizia que o capítulo do 18 de brumário deveria ser suprimido dos manuais de história usados nas Escolas de Guerra. A esse respeito é interessante lembrar a diferença que Clemenceau manifestou abertamente, em 1919, para a popularidade de certos generais. Stresemann, que tivera de lidar com Von Luttwitz em 1920 e com Ludendorff em 1923, disse com um sorriso que aqueles dois generais haviam sido treinados na escola de Bonaparte. Primo de Rivera e Pilsudski foram treinados nessa mesma escola. Porém, não parece que a Europa liberal e democrática tenha percebido a gravidade do perigo representado pelos generais. O bom general Boulanger é o principal responsável pelo otimismo que reina nos parlamentos. Os governos não acreditam que a tática do 18 de brumário seja aplicável no terreno parlamentar moderno: eles veem Primo de Rivera e Pilsudski apenas como protagonistas de uma sedição militar, os aproveitadores de uma situação própria de países como Espanha e Polônia, onde não existe uma verdadeira democracia parlamentar. Eles pensam que o Parlamento é a melhor defesa do Estado contra um atentado bonapartista, que a liberdade é defendida através do exercício da liberdade e do uso de sistemas policiais. Assim pensavam também os deputados das Cortes e da Assembleia até as vésperas dos golpes de Estado de Primo de Rivera e Pilsudski.

O erro das democracias parlamentares é o excesso de confiança nas conquistas da liberdade, quando nada é mais frágil na Europa moderna. Esse erro decorre do desprezo pelos generais e do conceito de que, numa verdadeira democracia parlamentar, não existe o perigo do 18 de brumário, pois o sucesso das tentativas da Espanha e da Polônia se deve exclusivamente a uma combinação de circunstâncias que nunca poderiam ocorrer na França ou na Inglaterra, ou seja, nos países mais parlamentarizados e mais policiados da Europa. Quanto ao desprezo pelos generais, pode-se objetar que os mais perigosos são os generais medíocres, e é precisamente com eles que devemos ser cautelosos.

Primo de Rivera e Pilsudski são apenas homens de segunda ordem: a reputação de seu gênio militar e político não precisa mais ser posta em causa. Pode-se acrescentar, a sua justificativa, que generais desse tipo também abundam na Europa, muitos dos quais ganharam a guerra e muitos que a perderam: sua mediocridade não é uma questão de patriotismo. É bom estarmos entendidos a esse respeito.

Portanto, no que diz respeito à atualidade do 18 de brumário e às circunstâncias favoráveis que acompanharam a sorte dos dois bonapartistas mais famosos de nosso tempo, deve-se reconhecer que, sem dúvida, Primo de Rivera e Pilsudski teriam encontrado dificuldades muito mais sérias se as Cortes e a Assembleia tivessem sido a Câmara dos Comuns ou o Palácio Bourbon. Mas aqui não se trata de estabelecer que as Cortes não são a Câmara dos Comuns, o que é uma verdade reconhecida e admitida também por Afonso XII, ou que a Assembleia não é o Palácio Bourbon, e que na Espanha e na Polônia não há democracia parlamentar capaz de defender as liberdades públicas: trata-se de estabelecer que entre as circunstâncias que ajudaram De Rivera e Pilsudski a tomarem o poder, a principal é a existência do terreno favorável à tática bonapartista, ou seja, o terreno parlamentar. Um dos perigos a que o Estado moderno está exposto é a vulnerabilidade dos parlamentos: de todos os parlamentos, incluindo a Câmara dos Comuns. A este propósito, não será demais lembrar o que Trótski escreveu sobre a possibilidade de uma revolução proletária na Inglaterra:

> A revolução proletária inglesa também terá seu próprio Parlamento Longo*? É muito provável que se limite a um Parlamento Curto**. E chegará lá tanto melhor quanto melhor forem assimiladas as lições do tempo de Cromwell.

---

* O Parlamento Longo durou de 1640 a 1660. Seguiu-se ao fiasco do Parlamento Curto, que se reuniu por apenas três semanas durante a primavera de 1640 após uma ausência parlamentar de onze anos. (N. da T.)

** Carlos I, sem fundos e desejando acabar com a rebelião no norte, convocou em 20 de fevereiro de 1640 aquele que se estabeleceu como Parlamento Curto, que durou de 13 de abril a 5 de maio, assim denominado por sua curta vida de apenas três semanas. O Parlamento Curto foi dissolvido porque se recusou a aprovar novos subsídios. (N. da T.)

Veremos mais tarde o que Trótski quer dizer com lições do tempo de Cromwell.

Não é exato afirmar que sem a cumplicidade do rei De Rivera não teria podido assumir o Estado, não teria podido dissolver as Cortes, suprimir as liberdades públicas, governar fora da Constituição, contra a Constituição. A cumplicidade sediciosa do rei, sem ser necessária, foi útil para De Rivera: é uma espécie de cumplicidade da qual só um catilinário genuíno, um verdadeiro ditador, pode prescindir. Aqui se poderia objetar que, entre as circunstâncias que garantiram o sucesso da tentativa revolucionária de Primo de Rivera, a principal não é, portanto, a existência do terreno favorável à tática bonapartista, ou seja, o terreno parlamentar, mas a cumplicidade do rei.

Essa objeção tem seu lado fraco. Para se tornar cúmplice de De Rivera, o rei teve que abandonar sua posição de privilégio e irresponsabilidade, descer ao terreno parlamentar. Afonso XII tornou-se, assim, não o Sieyès, não o criador, o *deus ex machina* do golpe de Estado, mas um dos principais executores, algo como o Luciano de Primo de Rivera. É no terreno parlamentar que a Coroa chega a um compromisso com a insurreição: a cumplicidade entre o rei e De Rivera é um pré-requisito indispensável no Parlamento. Como todos os golpes de Estado que começaram com tal compromisso, o de Afonso XII e de Primo de Rivera também resultou em um pacto equívoco entre a Constituição e a ditadura. A primeira vítima do golpe de Estado é o Parlamento.

A cumplicidade do rei é o elemento mais interessante, talvez o único interessante, do golpe de Estado de Primo de Rivera, aquele que dá um sentido moderno à infeliz aventura. A questão colocada pelos partidos espanhóis, após a queda do ditador, é, a esse respeito, muito significativa: "Quem é o responsável?". Aqui está o segredo do fracasso da ditadura. Enquanto Primo de Rivera estivesse em condições de assumir, perante a Coroa e o país, toda a responsabilidade do poder, podia contar com a cumplicidade do rei. A única maneira de assumir plena responsabilidade pelo poder era governar fora da Constituição, contra a Constituição. Mas no dia em que Afonso XII percebe que Primo de Rivera não é o único responsável pela situação da consciência inquieta da Espanha, um terceiro elemento é introduzido na cumplicidade entre o rei e o ditador: a Constituição. Entre a ditadura e a Constituição, o rei escolhe esta última, ergue-se como defensor da Constituição contra a ditadura que instituiu e torna-se cúmplice do Parlamento contra o golpe de Estado. Como Metternich (1773-1859), os catilinários devem suspeitar dos reis constitucionais.

Para um general fiel a seu rei, é motivo de orgulho ter compreendido tarde demais o quão perigoso é, nas coisas revolucionárias, a cumplicidade com as Constituições e seus fiadores. Primo de Rivera não era um desses catilinários que não cedem a nada nem a ninguém: era um grande da Espanha, que cedia apenas ao rei.

Entre os golpes de Estado que evocam o exemplo do 18 de brumário, o de Pilsudski de maio de 1926 talvez seja o mais interessante. Pilsudski, a quem Lloyd George, em 1920, chamava de Bonaparte socialista (Lloyd George nunca gostou de generais socialistas), mostrou que sabia como colocar Karl Marx a serviço da ditadura burguesa. A participação das massas trabalhadoras constitui o elemento original do golpe de Estado de Pilsudski. Os verdadeiros executores da tática insurrecional são, mais uma vez, os soldados. A ocupação das pontes, das centrais elétricas, da fortaleza, dos quartéis, depósitos de provisões e munições, dos cruzamentos rodoviários, das estações ferroviárias, das estações telefônicas e telegráficas, dos bancos é feita pelos soldados. As massas não participam do ataque aos pontos estratégicos de Varsóvia, defendidos por tropas leais ao governo Witos, e no cerco do Belweder, onde se refugiaram o presidente da República e os ministros. Os soldados constituem, mais uma vez, o elemento clássico da tática bonapartista. Mas a greve geral, proclamada pelo Partido Socialista para ajudar Pilsudski em sua luta contra a coalizão de direita, na qual se apoia o governo Witos, é o elemento moderno da insurreição, que dá uma justificativa social a essa demonstração de força e a essa brutal sedição militar. A cumplicidade dos trabalhadores confere aos soldados de Pilsudski a aparência de defensores da liberdade proletária: é no terreno da greve geral, com a participação das massas operárias nas táticas revolucionárias, que ocorre a transformação desse levante militar em uma insurreição popular auxiliada por elementos do exército. Pilsudski, que no início do golpe de Estado era apenas um general rebelde, torna-se, assim, uma espécie de capitão do povo, de herói proletário, de Bonaparte socialista, como diria Lloyd George.

Contudo, a greve geral não é suficiente para trazer Pilsudski de volta à legalidade. Ele também tem medo de ser banido da lei. No fundo, esse general socialista nada mais é do que um cidadão burguês, preocupado em conceber e implementar os projetos mais ousados dentro dos limites da moralidade civil e histórica de seu tempo e de sua nação. Ele é um faccioso, que afirma pôr o Estado de cabeça para baixo sem ser declarado fora da lei. Em seu ódio a Witos, ele nem mesmo reconhece o direito do primeiro-ministro de defender o Estado. A resistência das tropas leais ao governo desperta nele o polonês "louco e teimoso" da Lituânia: a metralhadoras ele opõe metralhadoras. É o polonês da Lituânia que impede o general socialista de voltar à legalidade, de aproveitar as circunstâncias para reparar o erro cometido no início. Não se começa um golpe de Estado parlamentar com uma sedição militar brutal. "*Cela n'est pas correct*" ["Isso está errado"], diria Moutron.

Pilsudski tem um cúmplice no Partido Socialista, na greve geral: ele deve assegurar um aliado no marechal da Assembleia. É através da Constituição que Pilsudski deve tomar o Estado. Enquanto a luta continua incerta nos subúrbios de Varsóvia e de Posen, o general Haller se prepara para marchar sobre a capital em socorro do governo; no Belweder sitiado, o presidente da República, Wojciechowski (1869-1953), e o primeiro-ministro, Witos, decidem renunciar o poder, de acordo com a Constituição, nas mãos do marechal da Assembleia. A partir desse momento, o fiador da Constituição não é mais o presidente da República, mas o marechal da Assembleia. O golpe de Estado parlamentar está apenas começando: até agora tratava-se apenas de uma revolta militar, apoiada por uma greve geral. Pilsudski, mais tarde, diria que, se Wojciechowski e Witos tivessem esperado a chegada de tropas leais ao governo, a tentativa revolucionária teria, provavelmente, fracassado. Foi a decisão precipitada do presidente da República e de Witos que transformou a sedição militar em golpe de Estado parlamentar. Agora cabe ao marechal da Assembleia trazer Pilsudski de volta à legalidade. "Não quero estabelecer uma ditadura", declara Pilsudski assim que sente o terreno parlamentar sob seus pés: "Minha intenção é agir apenas de acordo com a Constituição para aumentar o prestígio, a força e a autoridade do Estado." Ele também, como todos os catilinários de direita que tomam o poder com violência, não tem outra ambição senão parecer um fiel servidor do Estado.

E é como um bom servidor do Estado que Pilsudski entra em Varsóvia, numa carruagem puxada por quatro cavalos, escoltado por um esquadrão de ulanos sorridentes. A multidão amontoada ao longo das calçadas da Krakowskie Przedmiescie o recebe com o grito de "Viva Pilsudski, viva a República!". O marechal da Assembleia não encontrará muita dificuldade em concordar com ele a respeito da Constituição: "Agora que a revolução acabou", pensa o marechal da Assembleia, "podemos nos entender". Mas o golpe de Estado parlamentar estava só no início: ainda hoje, depois de todos os acontecimentos que fizeram da Constituição o instrumento da ditadura, e da Polônia democrática e proletária cúmplice corajosa da insurreição, a inimiga do general socialista, depois de muitas novas cumplicidades e muitas ilusões perdidas, Pilsudski ainda não encontrou a proposta para conciliar a violência com a legalidade.

O golpe parlamentar de Pilsudski, em 1926, apenas começava: hoje é um golpe de Estado que ainda não deu certo.

Se o estrategista da revolução bolchevique é Lênin, o estrategista do golpe de outubro de 1917 é Trótski. No início de 1929, encontrando-me na Rússia, tive a oportunidade de conversar com vários comunistas, reunidos nos mais diversos círculos, sobre o papel desempenhado por Trótski na revolução. A tese que circula oficialmente na URSS sobre Trótski é a de Stalin: mas, por toda parte, especialmente em Moscou e Leningrado, onde o partido trotskista era mais forte do que em outros lugares, ouvi opiniões expressas sobre Trótski que não estão muito de acordo com as de Stalin. O único que não respondeu a minhas perguntas foi Lunatcharski, e a tese de Stalin não me foi objetivamente justificada exceto pela senhora Kamenev (1883-1941); o que não é surpreendente, quando você pensa que a senhora Kamenev é irmã de Trótski.

Não cabe a mim entrar na controvérsia entre Stalin e Trótski sobre a "revolução permanente" e sobre a parte apoiada por Trótski no golpe de Estado de outubro de 1917. Stalin nega que Trótski tenha realizado a organização da insurreição e reivindica o crédito por isso à comissão formada por Sverdlov (1885-1919), Stalin, Bubnov (1884-1938), Uritski (1873-1918) e Dzerjinski (1877-1926). Essa Comissão, na qual nem Lênin nem Trótski figuravam, era parte integrante do Comitê Militar Revolucionário, do qual Trótski era o presidente. A controvérsia entre Stalin e o teórico da "revolução permanente" não pode mudar a história do levante de outubro, que, segundo Lênin, foi organizado e dirigido por Trótski. Lênin é o estrategista, o ideólogo, o animador, o *homo ex machina* da revolução: mas o criador da técnica do golpe de Estado bolchevique é Trótski.

Na Europa moderna, o perigo comunista, do qual os governos devem se defender, não é a estratégia de Lênin, é a tática de Trótski. Não se pode compreender a estratégia de Lênin fora da situação geral da Rússia em 1917. Mas a tática de Trótski não está vinculada às condições gerais do país, sua aplicação não depende das circunstâncias, que são por sua vez indispensáveis para a aplicação da estratégia de Lênin: a tática de Trótski representa o perigo permanente de um golpe de Estado comunista em qualquer país da Europa. Em outras palavras, a estratégia de Lênin não pode ser aplicada em nenhum país da Europa Ocidental, exceto em terreno favorável, com a ajuda das mesmas circunstâncias que se verificaram na Rússia em 1917. O próprio Lênin observa, em *Esquerdismo: doença infantil do comunismo*, que a originalidade da situação política russa em 1917 consistia em quatro condições específicas, e acrescenta que essas condições específicas não existem, atualmente, na Europa Ocidental, onde a reprodução de circunstâncias idênticas ou análogas não é muito fácil. É inútil afirmar, por enquanto, quais são as circunstâncias particulares que devem favorecer a aplicação da estratégia de Lênin na Europa Ocidental: sabe-se em que consistia a originalidade da situação política russa em 1917 em relação à situação internacional. A estratégia de Lênin, portanto, não constitui um perigo imediato para os governos da Europa: o perigo atual e permanente que ameaça os Estados europeus é a tática de Trótski. Stalin, em suas considerações em "A Revolução de Outubro e as táticas comunistas russas", escreve que, para julgar os eventos do outono de 1923 na Alemanha, não se deve esquecer a situação especial em que a Rússia se encontrava em 1917. E acrescenta:

> O camarada Trótski deve se lembrar disso, ele que estabelece uma analogia completa entre a Revolução de Outubro e a revolução na Alemanha e açoita impiedosamente o Partido Comunista alemão por seus erros reais ou supostos.

Para Stalin, o fracasso da tentativa revolucionária alemã do outono de 1923 se deve à falta de circunstâncias específicas, indispensáveis para a aplicação da estratégia de Lênin; ele se surpreende que Trótski tenha colocado a culpa nos comunistas alemães. Mas, para Trótski, o sucesso de uma tentativa revolucionária não depende da existência de condições idênticas ou análogas às da Rússia em 1917. Não foi a impossibilidade de aplicar a estratégia de Lênin que fez fracassar a revolução alemã do outono de 1923. O erro imperdoável dos comunistas alemães foi que eles não aplicaram a tática insurrecional bolchevique. A falta de circunstâncias favoráveis, a situação geral do país, não afeta a aplicação da tática de Trótski. Os comunistas alemães não podem ser justificados por terem errado o tiro.

Após a morte de Lênin, a grande heresia de Trótski tentou quebrar a unidade doutrinal do leninismo. O protestantismo de Trótski não teve sorte: esse Lutero está no exílio, e, de todos os seus partidários, aqueles que não tiveram a imprudência de se arrepender tarde demais, apressaram-se a se arrepender oficialmente cedo demais. Mas ainda se encontram com frequência, na Rússia, hereges que não perderam o gosto pela crítica e estão praticando para extrair da lógica de Stalin as consequências mais inesperadas. A partir da lógica de Stalin, chegou-se à conclusão de que não pode haver Lênin sem Kerensky, sendo Kerensky um dos principais elementos da situação excepcional da Rússia em 1917. Porém, Trótski não precisa de Kerensky: a existência de Kerensky, como a de Stresemann, Poincaré (1860-1934), Lloyd George, Giolitti (1842-1928) ou MacDonald (1866-1937), não tem influência alguma, nem favorável, nem desfavorável, na aplicação da tática de Trótski. Coloque Poincaré no lugar de Kerensky: o golpe de Estado bolchevique de outubro de 1917 teria sido o mesmo. Cheguei até a encontrar em Moscou e Leningrado alguns partidários da teoria herética da "revolução permanente" que chegaram a afirmar que Trótski não precisa de Lênin, que ele pode ser Trótski mesmo sem Lênin. Isso significa que, em outubro de 1917, Trótski teria tomado o poder mesmo que Lênin tivesse permanecido na Suíça e não tivesse participado da Revolução Russa.

A afirmação é arriscada, mas só pode ser julgada como arbitrária por aqueles que, nas revoluções, exageram a importância da estratégia em detrimento da tática: o que vale é a tática insurrecional, a técnica do golpe de Estado. Na revolução comunista, a estratégia de Lênin não é a base indispensável para a aplicação da tática insurrecional: ela não pode levar, por si só, à conquista do Estado. Em 1919 e em 1920, na Itália, a estratégia de Lênin havia sido plenamente aplicada: a Itália era, naquela época, o país mais maduro da Europa para a revolução comunista. Tudo estava pronto para o golpe de Estado. Mas os comunistas italianos acreditavam que a situação revolucionária do país, a febre sediciosa das massas proletárias, a epidemia de greves gerais, a paralisia da vida econômica e política, a ocupação das fábricas pelos trabalhadores e da terra pelos camponeses, a desorganização do exército, da polícia, da burocracia, a degradação do judiciário, a resignação da burguesia, a impotência do governo eram condições suficientes para provocar a entrega do poder aos representantes dos trabalhadores. O Parlamento estava nas mãos dos partidos de esquerda: a ação parlamentar era acompanhada pela ação revolucionária das organizações sindicais. O que faltava não era a vontade de tomar o poder, e sim o conhecimento das táticas de insurreição. A revolução se consumiu na estratégia. Era a preparação para o ataque decisivo: mas ninguém sabia como conduzir o ataque. Tínhamos chegado a ver na monarquia, então chamada de monarquia socialista, um sério impedimento ao ataque insurrecional. A maioria parlamentar de esquerda estava preocupada com a ação sindical, que ameaçava tomar o poder fora do Parlamento, mesmo contra o Parlamento. As organizações sindicais desconfiavam da ação parlamentar, que visava transformar a revolução proletária em mudança de ministério, em benefício da pequena burguesia. Como organizar o golpe de Estado? Tal era o problema em 1919 e 1920, não só na Itália como em quase todos os países da Europa Ocidental.

As ideias de Trótski sobre este ponto são muito claras. Segundo ele, a tática insurrecional não dependia das condições gerais do país e da existência de uma situação revolucionária favorável à insurreição. A Rússia de Kerensky não apresenta, na aplicação da tática de outubro de 1917, dificuldades menores do que a Holanda ou a Suíça. As quatro circunstâncias específicas, enunciadas por Lênin em *Esquerdismo: doença infantil do comunismo* (ou seja, a possibilidade de associar a revolução bolchevique à liquidação de uma guerra imperialista; a possibilidade de, por algum tempo, tirar proveito da guerra entre dois grupos de potências que, de outra forma, teriam se unido para combater a revolução bolchevique; a possibilidade de sustentar uma guerra civil relativamente longa, tanto pela imensidão da Rússia quanto pelo mau estado das vias de comunicação; a existência de um movimento revolucionário democrático-burguês dentro da massa de camponeses), circunstâncias que caracterizaram a situação na Rússia em 1917, não são indispensáveis para o sucesso de um golpe de Estado comunista. Se a tática da insurreição bolchevique dependesse também dessas mesmas circunstâncias, dessas mesmas condições das quais dependem a estratégia de Lênin e a revolução proletária nos países da Europa Ocidental, não haveria atualmente um perigo comunista em todos os países da Europa.

Lênin, em sua concepção estratégica, não tinha senso de realidade: faltava-lhe precisão e proporção. Ele concebeu a estratégia revolucionária à maneira de Clausewitz (1780-1831): mais como uma espécie de filosofia do que como uma arte, como uma ciência. Após a morte de Lênin, entre seus livros de cabeceira foi encontrada a obra fundamental de Clausewitz, *Da guerra*, anotada de próprio punho: a partir dessas notas e das observações nas margens do *A guerra civil na*

França, de Marx, pode-se julgar quão bem fundamentada era a desconfiança de Trótski em relação ao gênio estratégico de Lênin. Não é possível entender por que, se não é para combater o trotskismo, tamanha importância seja, oficialmente, atribuída à estratégia revolucionária de Lênin, na Rússia. Devido a sua posição histórica na revolução, Lênin não precisa ser considerado um grande estrategista.

Na véspera do levante de outubro, Lênin está otimista e impaciente. A eleição de Trótski para a presidência do soviete de Petrogrado e do Comitê Militar Revolucionário, e a conquista da maioria no soviete de Moscou, finalmente o tranquilizou sobre a questão da maioria nos sovietes, que não deixou de preocupá-lo desde julho. Ele, todavia, ainda tinha alguma preocupação com o segundo Congresso dos Sovietes, a se reunir no final de outubro. "Não é necessário que tenhamos maioria no Congresso", diz Trótski, "não é essa maioria que deverá tomar o poder". No fundo, Trótski não está errado. "Seria ingênuo", Lênin concorda, "esperar por uma maioria formal". Ele gostaria de levantar as massas contra o governo de Kerensky, submergir a Rússia sob a maré proletária, dar o sinal da insurreição a todo o povo da Rússia, apresentar-se ao Congresso dos Sovietes, pressionar Dan (1871-1949) e Skobelev (1885-1938), os dois dirigentes da maioria menchevique, proclamar a queda do governo de Kerensky e o advento da ditadura do proletariado. Ele não concebe uma tática insurrecional: ele concebe apenas uma estratégia revolucionária.

"Muito bem", diz Trótski, "mas, antes de tudo, temos que ocupar a cidade, tomar os pontos estratégicos, derrubar o governo. Para isso, é preciso organizar a insurreição, formar e treinar uma tropa de assalto. Pouca gente: as massas não nos servem para nada; basta-nos uma pequena tropa". Mas Lênin não quer que a insurreição bolchevique seja acusada de blanquismo*: "A insurreição deve se apoiar não em uma conspiração, em um partido, mas na classe avançada**. Esse é o primeiro ponto. A insurreição deve se apoiar no impulso revolucionário de

---

* Corrente do movimento socialista francês dirigida por Louis-Auguste Blanqui (1805-1881), destacado revolucionário e representante do comunismo utópico francês. Os blanquistas negavam a luta de classes e acreditavam que a "humanidade se libertaria da escravatura assalariada não por meio da luta de classe do proletariado, mas graças à conspiração de uma pequena minoria de intelectuais". Substituindo a atividade do partido revolucionário pela de um grupo secreto de conspiradores, os blanquistas não tinham em conta a situação concreta necessária para a vitória da insurreição e desprezavam as ligações com as massas. Diposnível em: https://www.marxists.org/portugues/dicionario/verbetes/b/blanquismo.htm. Acesso em: 22 mar. 2022. (N. da T.)
** Trata-se de uma forma de fazer referência ao proletariado. (N. da T.)

todo o povo. Esse é o segundo ponto. A insurreição deve estourar no auge da revolução em ascensão. Aqui está o terceiro ponto. É por essas três condições que o marxismo se distingue do blanquismo." "Certo, mas todo o povo é demais para a insurreição. Precisamos de uma tropa pequena, fria e violenta, treinada em táticas insurrecionais", e Trótski talvez tenha razão. Lênin admite: "Devemos jogar toda a nossa fração nas fábricas e nos quartéis: ali é o seu lugar, ali está o nó vital, a saúde da revolução. Ali, com discursos ardentes, inflamados, devemos desenvolver e explicar nosso programa e, assim, apresentar a questão: ou a aceitação total desse programa ou a insurreição." "Que seja", Trótski concorda, "mas se as massas aceitarem nosso programa, a insurreição ainda terá que ser organizada. Das fábricas e dos quartéis será necessário pegar elementos seguros e prontos para tudo. Não é da massa de trabalhadores, desertores, fugitivos, que precisamos: é de uma tropa de assalto". Lênin apoia: "Para tratar a insurreição como marxistas, isto é, como uma arte, devemos, ao mesmo tempo, sem perder um minuto, organizar o alto comando das tropas insurrecionais, distribuir nossas forças, lançar os regimentos fiéis sobre os pontos mais importantes, cercar o Teatro Alexandra, ocupar a Fortaleza de Pedro e Paulo, prender o Grande Estado-Maior e o governo, enviar destacamentos contra os cadetes e contra os cossacos da Divisão feroz que tentaram se sacrificar até o último homem para não deixar o inimigo penetrar no centro da cidade. Devemos mobilizar os trabalhadores armados, convocá-los para a batalha maior, ocupar simultaneamente os centros telegráficos e telefônicos, instalar nosso alto comando insurrecional na central telefônica, conectá-lo por telefone a todas as fábricas, a todos os regimentos, a todos os pontos onde acontece a luta armada." "Muito bem", Trótski concorda, "mas..." "Tudo isso é apenas aproximado", Lênin concede, "mas tentei provar que, atualmente, não se pode permanecer fiel ao marxismo, à revolução, sem tratar a insurreição como uma arte. Vocês conhecem as principais regras de Marx sobre essa arte. Aplicadas à situação atual da Rússia, essas regras significam: ofensiva simultânea, a mais repentina e mais rápida possível, sobre Petrogrado, de fora e de dentro, dos distritos operários e da Finlândia, de Revai e de Kronstadt, ofensiva de toda a frota, concentração de forças ultrapassando consideravelmente os 20 mil homens, incluindo cadetes e cossacos, dos quais o governo dispõe. Combine nossas três forças principais, a frota, os trabalhadores e as unidades militares, para primeiro ocupar e preservar, a qualquer custo, a telefonia, o telégrafo, as estações, as pontes. Selecione os elementos mais determinados de nossos grupos de assalto, dos trabalhadores e dos marinheiros, e estabeleça destacamentos, encarregados de ocupar todos os pontos mais importantes e participar de todas as operações decisivas. Forme também unidades compostas por trabalhadores que, armados com fuzis e granadas de mão, marcharão sobre as posições inimigas, escolas de oficiais cadetes, centrais telefônicas e telegráficas, e elas os cercarão. O triunfo da Revolução Russa, e ao mesmo tempo da revolução mundial, depende de dois ou três dias de luta".

"Tudo isso está muito bom", Trótski meneia a cabeça, "mas é muito complicado. Trata-se de um plano muito amplo, uma estratégia que abrange muito território e muita gente. Para ser bem-sucedido, não é preciso nem desconfiar de circunstâncias desfavoráveis, nem confiar em circunstâncias favoráveis. É necessário manter a tática, agir com poucas pessoas em terreno limitado, concentrar esforços nos objetivos principais, atacar de forma direta e forte, sem fazer barulho. A insurreição é uma máquina silenciosa. Sua estratégia necessita de muitas circunstâncias favoráveis: a insurreição não necessita de nada, é autossuficiente". "Sua tática é muito simples", diz Lênin, "possui apenas uma regra: ter sucesso. Não é você que prefere Napoleão a Kerensky?"

As palavras que coloquei na boca de Lênin não são arbitrárias: elas podem ser encontradas integralmente nas cartas que, em outubro de 1917, ele enviava ao Comitê Central do Partido Bolchevique.

Aqueles que estão familiarizados com todos os escritos de Lênin, especialmente com as observações sobre a técnica de insurreição das jornadas de dezembro em Moscou, durante a revolução de 1905, ficarão muito surpresos com a ingenuidade de suas ideias sobre a tática e a técnica da insurreição na véspera de outubro de 1917. É preciso, contudo, reconhecer que ele foi o único, junto com Trótski, após o fracasso da tentativa de julho, a não perder de vista o objetivo principal da estratégia revolucionária: o golpe de Estado. Depois de alguma hesitação (em julho, o Partido Bolchevique tinha apenas um objetivo de natureza parlamentar: a conquista da maioria nos sovietes), a ideia da insurreição tornou-se, como disse Lunatcharski, o motor de toda sua atividade. Mas durante sua permanência forçada na Finlândia, onde se refugiou depois das jornadas de julho para não cair nas mãos de Kerensky, sua atividade consistiu apenas na preparação teórica da insurreição. A ingenuidade de seu plano de ofensiva militar em Petrogrado, apoiada pela ação dos Guardas Vermelhos dentro da cidade, não pode ser explicada de outra forma. A ofensiva teria resultado em desastre: o fracasso da estratégia de Lênin teria levado ao fracasso da tática insurrecional, ao massacre dos Guardas Vermelhos nas ruas de Petrogrado.

Forçado a acompanhar os acontecimentos de longe, Lênin não podia ver todos os detalhes da situação: mas via as grandes linhas da revolução com muito mais clareza do que alguns membros do Comitê Central do partido, contrários à insurreição imediata. "Esperar é um crime", escrevia Lênin aos comitês bolcheviques em Petrogrado e em Moscou. Embora na reunião de 10 de outubro – da qual Lênin também participara, regressado da Finlândia – o Comitê Central tenha aprovado quase por unanimidade, à exceção dos votos de Kamenev (1883-1936) e Zinoviev, a resolução insurrecional, uma oposição tácita persistia em alguns membros do Comitê. Kamenev e Zinoviev foram os únicos que se declararam abertamente contra a insurreição imediata: no entanto, suas críticas eram secretamente partilhadas por muitos outros. A hostilidade daqueles que secretamente desaprovavam a decisão de Lênin se concentrava sobretudo contra Trótski, "o desagradável Trótski", um novo recruta do Partido Bolchevique, cuja orgulhosa coragem começava a despertar alguma preocupação invejosa na velha guarda leninista.

Lênin, naqueles dias, se mantinha escondido em um subúrbio de Petrogrado e, sem perder de vista a situação política geral, acompanhava de perto as manobras dos adversários de Trótski. Qualquer que fosse a hesitação naquele momento, ela teria sido fatal para a revolução. Em carta endereçada ao Comitê Central em 17 de outubro, Lênin se mostrava, de forma mais intensa, contrário às críticas de Kamenev e Zinoviev, cujos argumentos visavam, sobretudo, destacar os erros de Trótski, ao afirmar:

> Sem a anuência das massas, sem o apoio de uma greve geral, a insurreição não passará de uma demonstração de força, destinada a fracassar. A tática de Trótski não é outra senão a do blanquismo. Um partido marxista não pode reduzir a questão da insurreição à de uma conspiração militar.

Em sua carta de 17 de outubro, Lênin defende a tática de Trótski da acusação de blanquismo:

> Uma conspiração militar é puro blanquismo se não for organizada pelo partido de uma determinada classe, se não for organizada pelo partido de uma classe específica, se seus organizadores não levarem em conta o momento político em geral e a situação internacional em

particular. Há uma grande diferença entre a arte da insurreição armada e uma conspiração militar, condenável em todos os aspectos.

Mas a resposta de Kamenev e de Zinoviev poderia ser muito simples: Trótski não diz sempre que a insurreição não deve levar em conta a situação política e econômica do país? Não tem sempre declarado que a greve geral é um dos principais elementos da técnica do golpe de Estado comunista? Como podemos contar com o apoio dos sindicatos, com a proclamação da greve geral, se os sindicatos não estão conosco, mas com nossos adversários? Eles vão entrar em greve contra nós. Não temos sequer uma ligação sólida com os ferroviários. Há apenas dois bolcheviques dos quarenta membros do Comitê Executivo dos Ferroviários. É possível vencer sem a ajuda dos sindicatos, sem o apoio da greve geral?

Essa objeção é séria, e Lênin só sabe se opor a ela com sua determinação inabalável. Mas Trótski sorri, dizendo, tranquilo: "A insurreição não é uma arte, é uma máquina. São necessários técnicos para colocá-la em movimento: nada poderia impedi-la, nem mesmo objeções. Somente técnicos poderiam detê-la."

A tropa de assalto de Trótski é composta por mil trabalhadores, soldados e marinheiros. A elite dessa tropa foi escolhida entre os operários das fábricas de Putilov e Wiborg, entre os marinheiros da frota do Báltico e entre os soldados dos regimentos letões. Durante dez dias, sob o comando de Antonov-Ovseyenko (1883-1938), a Guarda Vermelha, tropa de assalto de Trótski, realiza uma série de exercícios "invisíveis" no centro da cidade. Na multidão de desertores que lotam as ruas, na desordem que reina nos prédios do governo, dos ministérios, nos escritórios do Estado-Maior, nos Correios, nas centrais telefônicas e telegráficas, nas estações ferroviárias, nos quartéis, nas administrações dos serviços técnicos da capital, aqueles homens desarmados que, em pequenos grupos de três ou quatro, praticam táticas de insurreição em plena luz do dia passam sem serem notados. A tática de "exercícios invisíveis", de treinamento para a ação insurrecional, da qual Trótski deu o primeiro exemplo no golpe de Estado de outubro de 1917, entrou agora na estratégia revolucionária da Terceira Internacional. Os princípios aplicados por Trótski podem ser encontrados expressos e desenvolvidos nos manuais do Comintern. Na Universidade Chinesa de Moscou, entre as disciplinas de ensino, está a tática dos "exercícios invisíveis", que Borodin (1884-1951), com base na experiência de Trótski, tão bem aplicou em Xangai. Estudantes chineses da Universidade Sun-Yat-Sen na rua Wolkonka, em Moscou, aprendem os mesmos princípios que as organizações comunistas alemãs colocam em prática todos os domingos, em plena luz do dia, para exercitar táticas de insurreição, sob o olhar da polícia e dos bons burgueses de Berlim, Dresden e Hamburgo.

Em outubro de 1917, nos dias que antecederam o golpe de Estado, a imprensa reacionária, liberal, menchevique e socialista-revolucionária não fez nada além de denunciar à opinião pública a atividade do Partido Bolchevique, que preparou abertamente a insurreição: Lênin e Trótski são acusados de querer derrubar a república democrática para estabelecer a ditadura do proletariado. Eles não fazem segredo, escrevem os jornais burgueses, de suas intenções criminosas; a organização da revolução proletária avança à vista de todos; os dirigentes bolcheviques, em seus discursos às multidões de operários e de soldados reunidos nas fábricas e nos quartéis, anunciam em voz alta que tudo está pronto, que o dia da revolta está próximo. E o governo? Por que ainda não prendeu Lênin, Trótski e os outros membros do Comitê Central? Quais medidas foram tomadas para defender a Rússia do perigo bolchevique?

Não é verdade que o governo Kerensky não tomou as medidas necessárias para defender o Estado. Kerensky, é preciso fazer-lhe justiça nesse ponto, fez tudo o que se achava a seu alcance para enfrentar o perigo de um golpe de Estado: em seu lugar, Poincaré, Lloyd George, MacDonald, Giolitti ou Stresemann não teriam agido de outra forma. O método de defesa de Kerensky consiste na aplicação daqueles sistemas policiais nos quais tanto os governos absolutos quanto os liberais sempre confiaram, e em nossos dias ainda confiam. É injusto acusar Kerensky de imprevisibilidade e insuficiência: são os sistemas policiais que já não são suficientes para defender o Estado contra a técnica de insurreição moderna. O erro de Kerensky é o mesmo em que caem todos os governos que consideram o problema da defesa do Estado como um problema de polícia.

Aqueles que acusam Kerensky de falta de visão e inaptidão se esquecem da habilidade e da coragem que ele havia demonstrado, nas jornadas de julho, contra a revolta dos operários e dos desertores, e, em agosto, contra a aventura reacionária de Kornilov (1870-1918). Ele não hesitara, em agosto, em apelar às próprias forças bolcheviques para impedir que os cossacos de Kornilov destruíssem as conquistas democráticas da Revolução de Fevereiro. A conduta de Kerensky naquela ocasião surpreendeu o próprio Lênin, que disse: "Deve-se ter cuidado com Kerensky; ele não é um imbecil." É preciso ser justo com Kerensky: ele não podia, em outubro, fazer outra coisa senão defender o Estado contra a insurreição bolchevique. Trótski argumentou que, na defesa do Estado, são os sistemas que contam. Kerensky ou Lloyd George, Poincaré ou Noske, o método que teriam adotado em outubro só poderia ser um, o método clássico de medidas policiais.

Para enfrentar o perigo, Kerensky se organizou a fim de garantir tropas leais ao governo, cadetes e cossacos, o Palácio de Inverno, o Palácio de Tauride, os ministérios, as centrais telefônicas e telegráficas, pontes, estações, o quartel-general do Estado-Maior, os cruzamentos mais importantes do centro da cidade. Os 20 mil homens com os quais ele pode contar na capital estão assim mobilizados para proteger os pontos estratégicos da organização política e burocrática do Estado. Eis o erro do qual Trótski se aproveita. Outros regimentos leais a Kerensky estão reunidos nas proximidades de Petrogrado, em Zarskoie-Selo, em Kolpin, em Gatchina, ou Obukhov, em Pulkovo, um círculo de ferro que a insurreição bolchevique terá que romper para não morrer sufocada. Todas as medidas necessárias para garantir a segurança do governo foram tomadas: os destacamentos de junkers* percorrem a cidade dia e noite. Ninhos de metralhadoras são afixados nos cruzamentos, no final das principais artérias, na entrada das praças, sobre os telhados das casas ao longo da avenida Newski. Patrulhas de soldados se entrecruzam no meio da multidão. Carros blindados passam devagar, abrindo passagem ao longo som das sirenes. A desordem é assustadora. "Aqui está minha greve geral", diz Trótski a Antonov-Ovseienko, mostrando a multidão na avenida Newski. Kerensky não se limitou apenas a medidas policiais; colocou em prática toda a máquina política. Ele não pensa apenas em se apegar a figuras da direita: quer garantir, a qualquer custo, o apoio de figuras da esquerda. O que o preocupa é a ação dos sindicatos. Ele sabe que os dirigentes sindicais não estão com os bolcheviques. Nesse ponto, a crítica de Kamenev e Zinoviev à tese insurrecional de Lênin e à tática de Trótski está correta. A greve geral é um elemento indispensável da insurreição: sem o apoio da greve geral, os bolcheviques não terão respaldo, perderão o golpe. A esse respeito, Trótski chamou a insurreição de "um soco em um paralítico". Para ter sucesso, a insurreição deve ter a vida em Petrogrado paralisada pela greve geral. Os líderes dos sindicatos não estão com os bolcheviques, mas as massas organizadas estão com Lênin. Incapaz de ter as massas, Kerensky quer garantir para si os líderes dos sindicatos, deixando famintos seus próprios aliados. É com grande dificuldade que ele obtém sua neutralidade. Quando Lênin descobre que Kerensky garantiu a neutralidade dos sindicatos, diz a Trótski: "Kamenev tinha razão, sem o apoio da greve geral, sua tática está destinada ao fracasso." "Tenho a desordem do meu lado", responde Trótski, "é mais do que uma greve geral".

Para entender o plano de Trótski é preciso entender como era Petrogrado naqueles dias. Enormes bandos de desertores, que ao primeiro sinal da Revolução

---

* Cadetes de origem burguesa e aristocrática, nacionalistas russos, que ocupavam o posto de voluntário no serviço militar no Exército Imperial Russo nos séculos XIX e XX. (N. da T.)

de Fevereiro abandonaram as trincheiras, espalhando-se pela capital como que para saquear o reino da liberdade, estão acampados há seis meses nas ruas e praças, rasgados, imundos, miseráveis, bêbados e famintos, tímidos e ferozes, prontos para o tumulto e a fuga, com o coração queimando de sede de vingança e de paz. Sentados nas calçadas da avenida Newski, à beira do fluxo de pessoas que flui lentamente pela grande rua tumultuada, filas intermináveis de desertores vendem armas, folhetos de propaganda, cigarros, sementes de girassol. Na praça Zuarnenskaia, em frente à estação de Moscou, a confusão é indescritível: a multidão balança, bate-se contra as paredes, recua como para ganhar impulso, rola para a frente com gritos selvagens, quebra como uma onda espumosa na grande quantidade de vagões, caminhões, bondes, amontoados em torno da estátua de Alexandre II, com um clamor ensurdecedor que, de longe, parece o clamor de um massacre. Depois da ponte sobre o Fontanka, no cruzamento com a avenida Liteyni, as vozes dos jornaleiros anunciam as medidas de Kerensky para lidar com a situação, as proclamações do Comitê Militar Revolucionário, do Soviete, da Duma Municipal, das ordens do coronel Polkovnikov (1883-1918), comandante militar da praça, para ameaçar a prisão de desertores e proibir manifestações, comícios e brigas. Os jornais se esgotam rapidamente. Nas esquinas das ruas, formam-se ajuntamentos de operários, soldados, estudantes, escriturários, marinheiros, que discutem em voz alta, gesticulando intensamente. Nos cafés e nas oficinas, todos riem das proclamações do coronel Polkovnikov, que quer prender os 200 mil desertores de Petrogrado e proibir as brigas. Diante do Palácio de Inverno estão posicionadas duas baterias de 75: junkers, em seus casacos compridos, passeiam nervosamente atrás das peças. Uma fila dupla de carros militares se encontra alinhada em frente ao Palácio do Estado-Maior*. Em direção ao Almirantado, o jardim de Alexandre está ocupado por um batalhão de mulheres, sentadas no chão ao redor dos feixes de fuzis.

A praça Mariuskaia está repleta de trabalhadores, marinheiros, desertores esfarrapados com rostos pálidos e magros: na entrada do Palácio Maria, onde fica o Conselho da República, um destacamento de cossacos, com seu alto chapka [gorro de inverno] de pelos pretos pendente sobre uma orelha. Os cossacos fumam, falam, rindo alto. Quem subisse ao topo da cúpula da Catedral de Isaac veria, a oeste, espessas nuvens negras se erguerem sobre as fábricas de Putilov, onde os trabalhadores já se preparam para inserir cartuchos nos canos das armas. Mais

---

* Palácio de Inverno. (N. da T.)

adiante, o golfo da Finlândia, e atrás da ilha de Kotlin, o forte de Kronstadt; a fortaleza vermelha, onde marinheiros com olhos claros de criança aguardam o sinal de Dybenko (1889-1938) para marchar em socorro de Trótski, para o massacre dos junkers. Do outro lado da cidade, uma neblina avermelhada paira sobre as inúmeras chaminés do subúrbio de Wiborg, onde Lênin se esconde, pálido e febril sob sua peruca, que lhe dá o ar de um pequeno comediante do interior. Ninguém poderia reconhecer, naquele homem sem barba, de cabelo postiço colado à testa, o terrível Lênin, que faz a Rússia tremer. É lá, nas fábricas de Wiborg, que os Guardas Vermelhos de Trótski aguardam ordens de Antonov-Ovseienko. Nos subúrbios, as mulheres têm olhos amargos em um rosto triste: à noite, assim que a escuridão se espalha pelas ruas, grupos de mulheres armadas partem para o centro da cidade. Esses são os dias da migração proletária: enormes massas deslocam-se de uma ponta a outra de Petrogrado, regressam a seus bairros, a suas ruas, depois de horas e horas de marcha através de reuniões, manifestações e motins. Nos quartéis, nas fábricas, nas praças, acontecem reuniões após reuniões. Todo o poder aos sovietes. As vozes estridentes dos alto-falantes desaparecem nas dobras das bandeiras vermelhas. Nos telhados das casas, os soldados de Kerensky, sentados nos tripés das metralhadoras, ouvem aquelas vozes roucas enquanto comem sementes de girassol e atiram as cascas sobre a multidão reunida na praça.

 A noite cai sobre a cidade como uma nuvem morta. Na imensa avenida Newski, a massa de desertores sobe como uma maré em direção ao Almirantado. Centenas de soldados, mulheres e trabalhadores acampam pelo chão em frente à Catedral de Kazan. A cidade inteira afunda em inquietação, desordem e delírio. De um momento para o outro, homens armados de facas, embriagados de sono, sairão daquela multidão, se jogarão nas patrulhas de junkers e no batalhão de mulheres que defendem o Palácio de Inverno; outros entrarão nas casas para procurar os burgueses deitados de olhos abertos em suas camas. A febre da insurreição matou o sono da cidade. Petrogrado, como lady Macbeth, não consegue mais dormir. O cheiro de sangue assombra suas noites.

 Durante dez dias, no centro da cidade, os Guardas Vermelhos de Trótski foram metodicamente treinados em táticas de insurreição. É Antonov-Ovseienko quem, em plena luz do dia, no tumulto das ruas e praças, junto aos edifícios que constituem os pontos estratégicos da máquina burocrática e política, dirige os exercícios táticos, essa espécie de ensaio geral do golpe de Estado. A polícia e as autoridades militares se encontram de tal forma obcecadas com a ameaça de uma súbita revolta das massas proletárias, e tão ocupadas em lidar com o perigo, que não percebem a existência dos esquadrões de Antonov-Ovseienko. Nessa enorme confusão, quem, pois, pode prestar atenção àqueles pequenos grupos de trabalhadores desarmados, soldados, marinheiros, que se esgueiram pelos corredores das centrais telefônicas e telegráficas, do edifício dos correios, dos ministérios, da sede do Estado-Maior, observando a disposição dos escritórios, os sistemas de luz elétrica e os telefones, gravando em seus olhos e memória a planta dos prédios, estudando uma maneira de entrar neles de surpresa, no momento certo, calculando as probabilidades, medindo os obstáculos, procurando na organização defensiva da máquina técnica, burocrática e militar do Estado, os locais de menor resistência, os pontos fracos, os pontos sensíveis? Quem, então, pode notar, na desordem geral, aqueles três ou quatro marinheiros, aquela dupla de soldados, aquele operário com ar tímido que contornam os prédios, entram nos corredores, sobem as escadas, cruzam-se sem olhar um para o outro? Ninguém pode suspeitar que esses indivíduos obedecem a ordens precisas e detalhadas, executam um plano preestabelecido, estão sendo treinados em exercícios táticos cujo objetivo é constituído pelos pontos estratégicos da defesa do Estado. São manobras invisíveis, que acontecem no mesmo terreno em que a luta decisiva irá se iniciar. Os Guardas Vermelhos agirão sem falhas.

    Trótski conseguiu obter o plano de serviços técnicos da cidade: os marinheiros de Dybenko, aos quais se juntaram dois engenheiros e operários qualificados, estão encarregados de estudar, *in loco*, o traçado das tubulações subterrâneas de gás e água, cabos de transmissão de eletricidade, linhas telefônicas e telegráficas. Dois marinheiros exploram os esgotos que passam sob o Palácio do Estado-Maior. É preciso ser possível isolar um bairro em poucos minutos, ou mesmo apenas um grupo de casas. Trótski divide a cidade em setores, fixa os pontos estratégicos, distribui as tarefas, setor por setor, a equipes formadas por soldados e operários especializados. Ao lado dos soldados, são necessários técnicos. A conquista da estação de Moscou é confiada a duas equipes compostas por 25 soldados letões, dois marinheiros e dez ferroviários; três equipes de marinheiros, operários e ferroviários, sessenta homens ao todo, estão encarregados da ocupação da estação de Varsóvia; para as outras estações, Dybenko tem equipes de vinte homens cada. Para controlar o movimento das linhas ferroviárias, cada equipe recebeu um operador de telégrafo. No dia 21 de outubro, sob as ordens diretas de Antonov-Ovseienko, que acompanha de perto os exercícios, todas as equipes treinam para a conquista das estações: essa simulação ocorre com perfeita precisão e correção. No mesmo dia, três marinheiros dirigem-se à central elétrica, próxima à entrada do porto: a central, que está sob a direção dos serviços técnicos municipais, não está vigiada. O diretor da central se volta para os três marinheiros e lhes diz: "Vocês são os homens que pedi ao comando militar da praça? Foi-me prometida, por cinco dias, a concessão de um serviço de proteção." Os três marinheiros bolcheviques se instalam na usina para defendê-la, dizem, contra os Guardas Vermelhos em caso de insurreição. Da mesma forma, algumas tripulações de marinheiros assumem as outras três centrais elétricas municipais.

A polícia de Kerensky e as autoridades militares estão sobretudo preocupadas em defender a organização burocrática e política do Estado, os ministérios, o Palácio Maria, sede do Conselho da República, o Palácio Tauride, sede da Duma, o Palácio de Inverno, o Estado-Maior. Trótski, que a tempo percebe esse erro, reduz os objetivos de sua tática apenas aos órgãos técnicos da máquina do Estado e da cidade. Para Trótski, o problema da insurreição é apenas de ordem técnica. Diz ele: "Para assumir o Estado moderno, é preciso uma tropa de assalto e técnicos: esquadrões de homens armados, comandados por engenheiros."

Enquanto Trótski organiza racionalmente o golpe de Estado, o Comitê Central do Partido Bolchevique organiza a revolução proletária. É a Comissão composta por Stalin, Sverdlov, Bubnov, Uritski e Dzerjinski, quase todos inimigos declarados de Trótski, que elabora o plano da insurreição geral. Os membros dessa Comissão, à qual Stalin, em 1927, procurará atribuir o crédito exclusivo pelo golpe de outubro de 1917, não têm confiança no resultado da insurreição organizada por Trótski. O que ele pode fazer com seus mil homens? Os junkers se livrarão deles sem muito esforço. São as massas proletárias, os milhares e milhares de operários de Putilov e Wiborg, a enorme multidão de desertores, as unidades bolchevistas da guarnição de Petrogrado, que devem ser suscitadas contra as forças do governo. É uma insurreição geral que deve ser desencadeada: Trótski, com sua demonstração de força, é apenas um aliado insignificante e perigoso.

Para a Comissão, como para Kerensky, a revolução é um problema de polícia. É curioso notar que o futuro criador da polícia bolchevique, a Cheka, que mais tarde terá o nome de GPU, pertence à Comissão. É ele, o pálido e sinistro Dzerjinski, que estuda o sistema de defesa do governo Kerensky e determina o plano de ataque. Entre os adversários de Trótski, ele é o mais pérfido e o mais terrível. Seu fanatismo tem a modéstia de uma mulher; ele é um asceta que nunca olha para suas mãos. Dzerjinski morreu em 1926, de pé na arquibancada, enquanto apresentava uma acusação contra Trótski.

Às vésperas do golpe de Estado, quando Trótski lhe afirma que os Guardas Vermelhos devem ignorar a existência do governo de Kerensky, que não se trata de lutar contra o governo com metralhadoras, mas de tomar o Estado, que o Conselho da República, os ministérios, a Duma, do ponto de vista da tática insurrecional, não têm importância e não devem constituir os objetivos da insurreição armada, que a chave do Estado não é a organização burocrática e política, não é o Palácio Tauride, nem o Palácio Maria, nem o Palácio de Inverno, mas a organização técnica, a saber, as centrais elétricas, as ferrovias, os telefones, os telégrafos, o porto, os gasômetros, os aquedutos, Dzerjinski responde-lhe que a insurreição deve ir ao encontro do adversário, atacá-lo em suas posições. Diz ele: "É o governo que defende o Estado, é o governo que devemos atacar. É preciso vencer o adversário no mesmo terreno em que ele defende o Estado." Se o adversário está entrincheirado nos ministérios, no Palácio Maria, no Palácio Tauride, no Palácio de Inverno, é aí que se tem que ir procurá-lo. "Para assumir o Estado", conclui Dzerjinski, "lançaremos as massas contra o governo".

A tática insurrecional da Comissão é dominada pela preocupação com a neutralidade dos sindicatos. É possível tomar o Estado sem o apoio da greve geral? O Comitê Central e a Comissão respondem: "Não, é preciso provocar uma greve, arrastando as massas para a ação insurrecional. Mas é com a tática da insurreição geral, não com a tática da demonstração de força, que poderemos envolver as massas contra o governo e provocar uma greve." "Não é necessário provocar uma greve", afirma Trótski, "a terrível desordem que reina em Petrogrado é mais do que uma greve geral. É essa desordem que paralisa o Estado que impede o governo de evitar a insurreição. Como não podemos contar com a greve, contaremos com a desordem". Foi dito que a Comissão era contrária à tática de Trótski porque a julgava baseada em uma visão excessivamente otimista da situação. Mas Trótski, na realidade, era bastante pessimista, ele julgava a situação muito mais grave do que antes se pensava: ele desconfiava das massas, sabia bem que a insurreição só podia contar com uma minoria. A ideia de provocar uma greve geral, arrastando as massas para a luta armada contra o governo, era uma ilusão, pois apenas uma minoria participaria da ação insurrecional. Trótski estava convencido de que, se a greve explodisse, ela seria dirigida contra os bolcheviques, e que o Estado deveria ser tomado sem demora se se quisesse impedir a greve geral. Os acontecimentos deram razão a Trótski. Quando os ferroviários, os funcionários dos correios, telefonistas e telegrafistas, funcionários do ministério e do serviço público deixaram seus empregos, era tarde demais. Lênin já estava no poder, Trótski quebrou a cara na greve.

Às vésperas do golpe de Estado, a oposição do Comitê Central e da Comissão à tática de Trótski havia criado uma situação paradoxal, que poderia comprometer seriamente o resultado da insurreição. Existiam dois estados-maiores, dois planos, dois objetivos. A Comissão, que contava com as massas de operários e de desertores, tinha como objetivo derrotar o governo para assumir o Estado. Trótski, que contava com mil homens, pretendia tomar o Estado para derrotar o governo. O próprio Marx teria julgado as circunstâncias mais favoráveis à Comissão do que a Trótski. "A insurreição não precisa de circunstâncias favoráveis", dizia Trótski. A Comissão tinha Lênin do seu lado; Trótski tinha Kerensky.

Em 24 de outubro, em plena luz do dia, Trótski lança o ataque. O plano de operações foi cuidado até o mínimo detalhe por um antigo oficial do exército imperial, Antonov-Ovseienko, conhecido como revolucionário e exilado, além de matemático e jogador de xadrez. Lênin diz dele, aludindo às táticas de Trótski, que somente um jogador de xadrez poderia organizar a insurreição. Antonov-Ovseienko tem um aspecto melancólico e doentio: os cabelos longos que lhe caem sobre os ombros o fazem parecer como Bonaparte em certos retratos antes do 18 de brumário. No entanto, seu olhar está morto, seu rosto pálido e magro é iluminado por uma tristeza à flor da pele, tão enfermiça quanto um suor frio.

Em uma pequena sala no último andar do Instituto Smolny, sede do Partido Bolchevique, Antonov-Ovseienko joga xadrez em um mapa topográfico de Petrogrado. Sob seus pés, no andar de baixo, a Comissão se reúne para acertar definitivamente o jogo da insurreição geral: ela ignora que Trótski já havia começado o ataque. Apenas Lênin, no último momento, foi avisado da súbita decisão de Trótski. A Comissão apegou-se às palavras de Lênin e organizou tudo para o dia 25 de outubro. Lênin não declarara, no dia 21, que o dia 24 seria cedo demais, e o dia 26, tarde demais?

A Comissão acaba de se reunir para a decisão definitiva, quando Podvoisky (1880-1948) chega com a inesperada notícia: os Guardas Vermelhos de Trótski já haviam tomado o controle do centro telegráfico e das pontes sobre o Neva; para garantir as comunicações entre o centro da cidade e o subúrbio operário de Wiborg é necessário ter o controle das pontes. As centrais elétricas municipais, os gasômetros, as estações ferroviárias já foram ocupados pelos marinheiros de Dybenko. As operações ocorreram com velocidade e consistência surpreendentes. A central telegráfica era defendida por cerca de cinquenta gendarmes e soldados, alinhados em frente ao edifício. Nessa tática defensiva, que se chama serviço de ordem e proteção, revela-se a insuficiência das medidas policiais: é uma tática que pode dar bons resultados contra uma turba revoltada, não contra um punhado de homens determinados. As medidas policiais são inúteis contra demonstrações de força. Três marinheiros de Dybenko, que haviam participado dos "exercícios invisíveis" e conhecem o terreno, infiltram-se nas fileiras dos defensores, entram nos escritórios: algumas granadas de mão, lançadas das janelas para a rua, semeiam a desordem entre os gendarmes e soldados. Duas equipes de marinheiros se instalam na central telegráfica e montam as metralhadoras: uma terceira equipe ocupa uma casa em frente, para acertar a espinha dorsal de um possível contra-ataque. A ligação entre as equipes que atuam nos diversos bairros da cidade, e entre o Instituto Smolny e os pontos estratégicos ocupados, é feita por meio de viaturas blindadas. Nos cruzamentos mais importantes, escondidas nas casas da esquina, são plantadas metralhadoras: patrulhas móveis guardam os quartéis dos regimentos que permaneceram fiéis a Kerensky.

Por volta das seis da tarde, no Smolny, Antonov-Ovseienko entra no quarto de Trótski: está mais pálido do que de costume, mas sorrindo. "Pronto", diz ele. Os membros do governo, surpreendidos pelos acontecimentos, refugiaram-se no Palácio de Inverno, defendido por algumas companhias de junkers e por um batalhão de mulheres. Kerensky fugiu: diz-se que foi ao front reunir tropas e marchar sobre Petrogrado. Toda a população correu para as ruas, ansiosa por notícias. As lojas, os cafés, restaurantes, cinemas, teatros estão abertos, os bondes passam, cheios de soldados e operários armados, uma grande multidão corre como um rio na avenida Newski, todos falam, discutem, xingam o governo ou os bolcheviques, os rumores mais improváveis se espalharam de boca em boca, de grupo em grupo: Kerensky morto, os líderes da fração menchevique fuzilados em frente ao Palácio Tauride, Lênin instalado no Palácio de Inverno, no apartamento do czar. Da avenida Newski, para Gorokovskaia; da Vosnessenski, as três grandes artérias que convergem no Almirantado, uma enxurrada de pessoas inunda sem parar o Jardim de Alexandre, para ver se a bandeira vermelha já está hasteada sobre o Palácio de Inverno. Mas ao ver os junkers defendendo o Palácio, a multidão, assombrada, para, não ousa se aproximar das metralhadoras e das baterias; sem entender, olha as janelas iluminadas, a praça deserta, os carros alinhados em frente ao Estado-Maior. E Lênin? Onde está Lênin? Onde estão os bolcheviques?

Os reacionários, os liberais, os mencheviques, os socialistas revolucionários, que ainda não conseguem compreender a situação, não querem acreditar que o governo tenha caído. Não é preciso confiar nos rumores habilmente espalhados pelos agentes provocadores de Smolny. Foi apenas por precaução que os ministros se mudaram para o Palácio de Inverno. Se as notícias forem verdadeiras, o que ocorreu não se tratou de um golpe de Estado, mas de uma série de atentados, mais ou menos bem-sucedidos (não se sabe de nada específico até o momento), contra a organização dos serviços técnicos do Estado e da cidade. Os órgãos legislativos, políticos e administrativos ainda estão nas mãos de Kerensky. O Palácio Tauride, o Palácio Maria, os ministérios nem sequer foram atacados. Claro, a situação é paradoxal: nunca aconteceu de uma insurreição afirmar ter conquistado o Estado e deixar as mãos do governo livres. Alguém poderia dizer que os bolcheviques se desinteressaram do governo. Por que não ocupam os ministérios? É possível ser o senhor do Estado, pode-se governar a Rússia sem ter o controle dos órgãos administrativos? É verdade que os bolcheviques tomaram conta de toda a organização técnica: mas Kerensky não caiu, é ele quem tem o poder, mesmo que, no momento, tenha perdido o controle das ferrovias, das usinas elétricas, dos gasômetros, serviços públicos, telefones, telégrafos, correios, Banco do Estado, depósitos de carvão, petróleo e grãos. Pode-se objetar que, praticamente, os ministros reunidos no Palácio de Inverno não podem governar, que os ministérios não podem funcionar: o governo está isolado do resto da Rússia, todos os meios de comunicação se encontram nas mãos dos bolcheviques. Nos subúrbios, todas as estradas estão bloqueadas, ninguém pode sair da cidade, o próprio Estado-Maior está isolado. A estação radiotelegráfica está em poder dos bolcheviques. A Fortaleza de Pedro e Paulo, ocupada pelos Guardas Vermelhos. Muitos regimentos da guarda de Petrogrado passaram às ordens do Comitê Militar Revolucionário. Devemos agir sem demora: o que esperar? O Estado-Maior aguarda a chegada das tropas do general Krasnov (1869-1947), que marcha sobre a capital. Todas as medidas necessárias para a defesa do governo foram tomadas. Se os bolcheviques ainda não decidiram atacar o governo, é sinal de que não se sentem suficientemente fortes. Pode-se, portanto, esperar.

Porém, no dia seguinte, 25 de outubro, enquanto no grande salão do Smolny é aberto o segundo Congresso dos Sovietes de toda a Rússia, Trótski dá ordens a Antonov-Ovseienko para atacar o Palácio de Inverno, onde os ministros de Kerensky se refugiaram. Os bolcheviques terão maioria no Congresso? Para que os representantes dos Sovietes de toda a Rússia entendam que a insurreição venceu, não basta anunciar que os bolcheviques tomaram o Estado: é preciso poder anunciar que os membros do governo caíram nas mãos dos Guardas Vermelhos. "E também é a única maneira", Trótski diz a Lênin, "de convencer o Comitê Central e a Comissão de que o golpe de Estado não fracassou." "Você se decidiu um pouco tarde", observa Lênin. "Eu não podia atacar o governo", responde Trótski, "antes de ter certeza de que as tropas da guarnição não o defenderiam. Era necessário dar tempo aos soldados para virem para nosso lado. Apenas os junkers permaneceram leais ao governo".

Lênin, disfarçado de operário, de peruca e sem barba, deixou seu esconderijo e foi ao Smolny para participar do Congresso dos Sovietes. É o momento mais triste de sua vida: ele ainda não acredita no sucesso da insurreição. Ele também, como o Comitê Central, como a Comissão, como a maioria dos delegados do Congresso, precisa saber que o governo caiu, que os ministros de Kerensky estão em poder da Guarda Vermelha, para acreditar que o golpe de Estado não fracassou. Ele desconfia de Trótski, de seu orgulho, de sua segurança, de sua habilidade imprudente. Trótski não é da velha guarda, não é um bolchevique com quem se pode contar de olhos fechados: é um recém-convertido, um novo recruta que só se juntou ao partido depois das jornadas de julho. "Eu não sou um dos doze apóstolos", afirma Trótski, "eu estou mais para São Paulo, que primeiro pregou aos gentios".

Lênin nunca teve muita simpatia por Trótski, que ofusca a todos: sua eloquência é suspeita. Ele tem o perigoso poder de mover as massas, de desencadear tumultos, é um criador de divisões, um inventor de heresias. É um homem temível e necessário. Lênin há muito notou que Trótski aprecia comparações históricas: quando fala nas reuniões e assembleias, quando discute nas reuniões do partido, ele não faz nada além de se referir aos exemplos da Revolução Puritana de Cromwell, ou aos da Revolução Francesa. Devemos ter cuidado com um marxista que julga e mede os homens e os fatos da Revolução Bolchevique pelos homens e os fatos da Revolução Francesa. Lênin não pode esquecer que Trótski, recém-libertado da prisão de Kresty, onde foi mantido preso depois das jornadas de julho, vai ao Soviete de Petrogrado e faz um discurso no qual proclama a necessidade de instaurar o terror jacobino. "A guilhotina leva a Napoleão", gritam os mencheviques. "Prefiro Napoleão a Kerensky", responde Trótski. Lênin nunca esquecerá essa resposta. "Ele prefere Napoleão a Lênin", diria Dzerjinski mais tarde. Numa sala contígua ao grande salão do Smolny, onde se realiza o Segundo Congresso dos Sovietes de toda a Rússia, Lênin está sentado ao lado de Trótski, diante de uma mesa desordenada de papéis e jornais: um cacho de sua peruca pende sobre a testa. Trótski não tem como não rir ao observar o disfarce ridículo de Lênin. Parece-lhe que chegou a hora de tirar a peruca: não há mais perigo, a insurreição venceu, Lênin já é o senhor da Rússia. É hora de deixar sua barba crescer, de jogar fora esse cabelo falso: é hora de ser reconhecido. Dan e Skobelev, os dois líderes da maioria menchevique, passam na frente de Lênin para entrar na sala do Congresso, empalidecem e se entreolham: reconheceram naquele homem de peruca, parecendo um pequeno comediante do interior, o terrível destruidor da Santa Rússia. "Acabou", Dan sussurra para Skobelev.

"Por que você ainda está vestido desse jeito?", Trótski indaga a Lênin. "Os vencedores não se escondem." Lênin o encara, estreitando os olhos, uma ironia sorridente aflora em seus lábios. Quem é o vencedor? Essa é a questão. De vez em quando, ouve-se o rugido de um canhão, o estalar de metralhadoras. O cruzador *Aurora*, ancorado no Neva, dispara no Palácio de Inverno para apoiar o ataque dos Guardas Vermelhos. Nesse momento, entra o marinheiro Dybenko, o gigantesco Dybenko de olhos azuis e rosto suavizado por uma macia barba loira. Os marinheiros de Kronstadt e a sra. Kollontai (1872-1952) o amam por seus olhos infantis e sua crueldade. Os guardas de Antonov-Ovseienko entraram no Palácio de Inverno, os ministros de Kerensky são prisioneiros dos bolcheviques: o governo também caiu. "Finalmente!", exclama Lênin. "Você está 24 horas atrasado", comenta Trótski.

Lênin tira a peruca, passa a mão na testa. Sua cabeça, relata Wells, está como a de Balfour (1848-1930). "Vamos", ele diz, e caminha para o salão do congresso. Trótski o segue em silêncio: ele parece cansado, um sono repentino apagou seus olhos de aço. Durante a insurreição, escreve Lunatcharski, Trótski era uma garrafa de Leyden*. Mas agora o governo também caiu: Lênin já tirou a peruca, com o mesmo gesto com que se tira uma máscara. O golpe de Estado é Trótski. Mas o Estado agora é Lênin. O líder, o ditador, o vencedor, é ele, Lênin.

"Minha cabeça está girando", afirma Lênin. Trótski o segue em silêncio, com aquele sorriso ambíguo que não se suavizará em seus lábios até a morte de Lênin.

---

* Um tipo de capacitor de alta tensão de uso comum em eletrostática, a garrafa de Leyden é capaz de acumular uma grande quantidade de excesso de carga elétrica. (N. da T.)

Stalin é o único estadista europeu que soube tirar proveito da lição de outubro de 1917. Se os comunistas de todos os países europeus devem aprender com Trótski a arte de tomar o poder, os governos liberais e democráticos devem aprender com Stalin a arte de defender o Estado contra a tática insurrecional comunista, isto é, contra a tática de Trótski.

A luta entre Stalin e Trótski é o episódio mais rico da história política europeia dos últimos dez anos. Os oficiais que antecederam essa luta remontam a um período muito anterior à Revolução de Outubro de 1917, ou seja, ao período em que Trótski, após o Congresso de Londres de 1903, no qual se determinou a cisão entre Lênin e Martov (1873-1923), entre bolcheviques e mencheviques, discordava abertamente das ideias de Lênin e, embora não estivesse do lado dos partidários de Martov, estava muito mais próximo das teses mencheviques do que daquelas dos bolcheviques. Mas, na realidade, os precedentes pessoais e doutrinários, a necessidade de combater o perigo do trotskismo na interpretação do pensamento de Lênin, ou seja, o perigo de desvios, deformações e heresias, são apenas os pretextos, as justificativas oficiais de uma oposição que tinha raízes e razões profundas na mentalidade dos líderes bolcheviques, nos sentimentos e interesses das massas operárias e camponesas, na situação política, econômica e social da Rússia dos sovietes após a morte de Lênin.

A história da luta entre Stalin e Trótski é a história da tentativa de Trótski de tomar o poder, e da defesa do Estado por Stalin e pela velha guarda bolchevique: é a história de um golpe fracassado. À teoria da "revolução permanente" de Trótski, Stálin opõe a tese de Lênin da ditadura do proletariado. Em nome de Lênin, as duas alas lutam entre si com todos os brasões de armas de Bizâncio. Mas as intrigas, as disputas, os sofismas escondem acontecimentos muito mais sérios do que uma diatribe sobre a interpretação do leninismo.

Seja qual for o jogo, ele é o poder. O problema da sucessão, que surgiu muito antes da morte de Lênin, ou seja, a partir dos primeiros sintomas de sua doença, não é apenas um problema de ideias, mas de homens. Por trás dos contrastes doutrinários escondem-se ambições pessoais. Não nos deixemos enganar pelos pretextos oficiais das discussões: a preocupação polêmica de Trótski é aparecer como o defensor desinteressado da herança moral e intelectual de Lênin, o guardião dos princípios da Revolução de Outubro, o comunista intransigente que luta contra a degeneração burocrática do partido e a involução burguesa do Estado soviético; a preocupação polêmica de Stalin é esconder dos comunistas de outros países e da Europa capitalista, democrática e liberal as verdadeiras razões da luta que vem sendo travada dentro do partido entre os discípulos de Lênin, entre os homens mais representativos da Rússia dos soviets. Entretanto, na realidade, Trótski está lutando para assumir o Estado; Stalin, para defendê-lo.

Stalin não tem nada da apatia dos russos, de sua resignação preguiçosa ao bem e ao mal, de seu altruísmo vago, sedicioso e maligno, de sua bondade ingênua e cruel. Stalin não é russo, é georgiano: sua astúcia é feita de paciência, determinação e bom senso; ele é teimoso e confiante. Seus oponentes o acusam de ignorância e falta de inteligência: eles estão errados. Não se pode dizer que seja um homem culto, um europeu afetado por sofismas e esclarecimentos psicológicos: Stalin é um bárbaro, no sentido leninista da palavra, ou seja, um inimigo da cultura, da psicologia e da moral do Ocidente. Sua inteligência é inteiramente física, instintiva, é uma inteligência em estado bruto, não tem preconceitos de ordem cultural ou moral. Diz-se que os homens são julgados por seu modo de caminhar. No Congresso dos Sovietes de toda a Rússia, em maio de 1929, no Grande Teatro de Moscou, presenciei a entrada de Stalin no palco: eu estava bem no centro das atenções, no lugar da orquestra. Stalin apareceu atrás da dupla fileira de comissários do povo, de membros do ZAO* de membros do Comitê Central do partido, alinhados em primeiro plano: estava vestido com muita simplicidade, com uma jaqueta militar cinza e calça de tecido escuro enfiada em um par de botas grandes. De ombros largos, baixo, atarracado, com uma cabeça maciça e espessa de cabelos negros, olhos compridos alargados por sobrancelhas muito negras, um rosto agravado por um bigode eriçado cor de breu, Stalin

---

* Zona de assentamentos oficiais.

caminhava com passos lentos e pesados, batendo os calcanhares no chão: com a cabeça um pouco inclinada para a frente, com os braços caídos ao lado do corpo, parecia um camponês, mas um camponês da montanha, severo, obstinado, paciente e cauteloso. Ao grito que se ergueu no teatro com sua aparição, ele não se virou para a plateia, continuou andando devagar, tomou seu lugar atrás de Rykov (1881-1938) e Kalinin (1875-1946), levantou o rosto, fitou a enorme multidão aplaudindo, permaneceu impassível, curvado, com olhos opacos, fixos a sua frente. Apenas cerca de vinte deputados tártaros, representantes das repúblicas soviéticas autônomas dos basquires, buriates, mongóis, daguestaneses e iacutos, permaneceram silenciosos e imóveis em um camarote proscênio: vestidos em seus kaftans de seda amarela e verde, com um solidéu tártato, bordado em prata, colocado em seus cabelos pretos brilhantes e cortados na franja, olhavam para Stalin com seus pequenos olhos oblíquos, Stalin, o ditador, o punho de ferro da revolução, o inimigo mortal do Ocidente, da Europa civilizada, gorda e burguesa. Assim que o delírio da multidão começou a se acalmar, Stalin lentamente virou o rosto para os deputados tártaros: o olhar dos mongóis e o do ditador se encontraram. Um grito imenso se ergueu no teatro: era a saudação da Rússia proletária à Ásia vermelha, aos povos das pradarias, dos desertos, dos grandes rios da Ásia. Stalin voltou o rosto impassível para a multidão, permaneceu curvado e imóvel, os olhos opacos, fixos a sua frente.

A força de Stalin é a impassibilidade e a paciência. Ele espreita os gestos, estuda-os, segue os passos rápidos, nervosos e indecisos de Trótski com seu passo lento e pesado de camponês. Stalin é retraído, frio, teimoso; Trótski é orgulhoso, violento, egoísta, impaciente, dominado pela ambição e imaginação, com uma natureza impetuosa, ousada e agressiva. "Judeu miserável", Stalin diz dele. "Cristão miserável", diz Trótski sobre Stalin.

Durante a insurreição de outubro de 1917, quando Trótski, sem avisar ao Comitê Central e à Comissão, de repente lança o ataque pela conquista do Estado, Stalin se afasta. Ele é o único que sabe ver as fraquezas e os erros de Trótski e prever suas consequências a longo prazo. Quando da morte de Lênin, momento em que Trótski coloca de forma abrupta o problema da sucessão no terreno político, econômico e doutrinário, Stalin já havia tomado posse da máquina burocrática do partido, já assumira o controle das alavancas de comando, já ocupara os pontos estratégicos da organização política, social e econômica do Estado. A acusação de Trótski contra Stalin de tentar resolver o problema da sucessão para seu próprio benefício muito antes da morte de Lênin é uma acusação que ninguém poderia seriamente refutar. Mas foi o próprio Lênin que, durante sua doença, deu a Stalin uma posição privilegiada no partido. Stalin tem boas cartas contra as acusações de seus adversários ao afirmar que era seu dever se proteger a tempo dos perigos que inevitavelmente surgiriam com a morte de Lênin. "Você se aproveitou da doença dele", afirma Trótski. "Para impedir que você se aproveitasse da morte dele", responde Stalin.

Trótski contou, com grande habilidade, a história de sua luta contra Stalin. De suas páginas, nada transparece da natureza dessa luta. Ele se mostra constantemente dominado pela preocupação de não parecer, aos olhos do proletariado internacional ainda mais do que aos olhos do proletariado russo, um Catilina bolchevique pronto para todos os acontecimentos inesperados e todas as restaurações. O que foi chamado de sua heresia é, segundo ele, apenas uma tentativa de interpretação leninista da doutrina de Lênin. O trotskismo não existe: é apenas uma invenção de seus adversários para opor o trotskismo ao leninismo, Trótski vivo a Lênin morto. Sua teoria da "revolução permanente" não representa um perigo nem para a unidade doutrinária do partido nem para a segurança do Estado. Ele não quer ser julgado nem um Lutero nem um Bonaparte.

Sua preocupação como historiador é de natureza polêmica, e idêntica à de Stalin. Como que por um acordo tácito, tanto Trótski como Stalin se esforçam para projetar as fases dessa luta pelo poder como aspectos de uma luta de ideias pela interpretação do pensamento de Lênin. Oficialmente, de fato, a acusação de bonapartismo nunca foi formulada contra Trótski. Tal acusação teria revelado ao proletariado internacional que a Revolução Russa estava realmente no terreno perigoso dessa degeneração burguesa progressiva, da qual o bonapartismo é uma das manifestações mais típicas. "A teoria da revolução permanente" – escreve Stalin em seu prefácio ao panfleto "Rumo a outubro" – "é uma variedade do menchevismo". É nisso que consiste a acusação contra Trótski. Mas se era fácil enganar o proletariado internacional quanto à verdadeira natureza da luta entre Stalin e Trótski, a realidade da situação não poderia ser escondida do povo russo. Todos compreendiam que Stalin não combatia em Trótski uma espécie de menchevique doutrinário, perdido no labirinto de interpretações do pensamento de Lênin, mas um Bonaparte vermelho, o único homem capaz de transformar a morte de Lênin em um golpe de Estado, de colocar o problema da sucessão no terreno insurrecional.

Do início de 1924 até o final de 1926, a luta mantém o caráter de uma polêmica entre os partidários da teoria da "revolução permanente" e os conservadores oficiais do leninismo, aqueles a quem Trótski chama de conservadores da múmia de Lênin. Tomski (1880-1936), comissário para a Guerra, que lidera e tem consigo o exército e as organizações sindicais, se opõe ao programa stalinista de escravizar os sindicatos ao partido e defende a autonomia da ação sindical nas relações com o Estado. A possibilidade de uma aliança entre o Exército Vermelho e as organizações sindicais já preocupava Lênin desde 1920: após sua morte, o acordo entre Trótski e Tomski se transformou em uma frente unida de soldados e operários contra a degeneração pequeno-burguesa e camponesa da revolução, contra o que Trótski chamou de Termidor* de Stalin. Nesta frente única, Stalin, que tem consigo a GPU e a burocracia do partido e do Estado, vê se aproximar o perigo do 18 de brumário. A imensa popularidade em torno do nome de Trótski, a glória de suas campanhas vitoriosas contra Loudenitch (1862-1933), Koltchak (1874-1920), Denikin e Wrangel (1878-1928), sua violência polêmica e seu orgulho cínico e imprudente fazem dele uma espécie de Bonaparte vermelho, apoiado pelo exército, pelas massas operárias e pelo espírito de revolta dos jovens comunistas contra a velha guarda do leninismo e do alto clero do partido.

A famosa troika – Stalin, Zinoviev e Kamenev – coloca em prática todas as artes mais sutis de simulação, intriga e armadilha para comprometer Trótski aos olhos das massas, provocar discórdia entre seus aliados, disseminar dúvidas e descontentamento nas fileiras de seus aliados, lançar descrédito e suspeita sobre suas palavras, seus atos e suas intenções. O chefe da GPU, o fanático Dzerjinski, envolve Trótski em uma rede de espiões e agentes provocadores; a misteriosa e terrível máquina da GPU é acionada para cortar, um por um, os tendões do oponente. Dzerjinski trabalha no escuro; Trótski, em plena luz. Enquanto a troika prejudica seu prestígio, contamina sua popularidade, tenta fazê-lo parecer um ambicioso desiludido, um aproveitador da revolução, um traidor de Lênin morto, Trótski ataca com violência Stalin, Zinoviev e Kamenev, o Comitê Central, a velha guarda do leninismo, a burocracia do partido, denuncia o perigo de um Termidor pequeno-burguês e camponês, convoca os jovens comunistas contra a tirania do alto clero da revolução. A troika responde com uma feroz campanha de calúnias: toda a imprensa oficial obedece à palavra de ordem de Stalin. Pouco a pouco, cria-se um vácuo em torno de Trótski. Os mais fracos vacilam, afastam-se, escondem a cabeça sob as asas: os mais tenazes, os

---

* Termidor é o período na Revolução Francesa no qual se encerra a fase que ficou conhecida como "Terror" e em que se interrompe a ditadura jacobina. (N. da T.)

mais violentos, os mais bravos lutam de cabeça erguida, cada um por si, perdem contato uns com os outros, começam a desconfiar uns dos outros, lançam-se de olhos fechados contra a coalizão adversária, enredam-se na teia de intrigas, de armadilhas e de traições. Os soldados e operários, que veem em Trótski o criador do Exército Vermelho, o vencedor de Koltchak e Wrangel, o defensor da liberdade sindical e da ditadura operária contra a reação da NEP* e dos camponeses, permanecem fiéis ao homem e às ideias da insurreição de outubro, mas sua fidelidade é passiva, fica imobilizada na espera, torna-se um peso morto no jogo violento e agressivo de Trótski.

Durante os primeiros estágios da luta, Trótski iludiu-se de que poderia provocar uma cisão no partido: apoiado pelo exército e pelos sindicatos, ele planejava derrubar a troika Stalin, Zinoviev e Kamenev, para impedir o Termidor de Stalin com o 18 de brumário da "revolução permanente", tomar o partido e o Estado para implementar seu programa de comunismo integral. Mas os discursos, os panfletos, as polêmicas sobre a interpretação do pensamento de Lênin não foram suficientes para provocar uma cisão no partido. Era preciso agir. Trótski tinha apenas que escolher o momento. As circunstâncias favoreciam seus projetos. Já surgiam os primeiros desentendimentos entre Stalin, Zinoviev e Kamenev. Por que Trótski não agiu?

Em vez de agir, de deixar as controvérsias descerem sobre o terreno da ação insurrecional, Trótski perdia seu tempo estudando as condições políticas e sociais da Inglaterra, ensinando aos comunistas ingleses as regras que eles deveriam seguir para tomar o Estado, para buscar analogias entre o exército puritano de Cromwell e o Exército Vermelho, para estabelecer comparações entre Lênin, Cromwell, Robespierre, Napoleão e Mussolini. Escreveu Trótski:

> Lênin não pode ser comparado nem a Bonaparte nem a Mussolini, mas a Cromwell e Robespierre. Lênin é o Cromwell proletário do século XX. Essa definição é a mais alta apologia ao pequeno-burguês Cromwell do século XVII.

---

* A NEP, sigla de Novaya Ekonomiceskaya Politika, foi a política econômica adotada na União Soviética entre o abandono do comunismo de guerra, em 1921, e a coletivização e renacionalização forçada dos meios de produção com a ascensão de Stalin ao poder em 1928. (N. da T.)

Em vez de aplicar imediatamente sua tática de outubro de 1917 contra Stalin, ele se preocupava em aconselhar as tripulações – marinheiros, foguistas, mecânicos, eletricistas – da frota britânica sobre o que elas deviam fazer para ajudar os operários a assumir o Estado; analisava a psicologia de soldados e marinheiros ingleses para deduzir qual seria sua conduta ao receberem a ordem de abrir fogo sobre os trabalhadores, desmontava o mecanismo de um motim para mostrar os gestos do soldado que se recusa a atirar, daquele que hesita e daquele que está pronto para descarregar seu fuzil no soldado que se recusa a atirar: esses são os três movimentos essenciais do mecanismo. Qual dos três decidirá sobre um motim? Trótski não achava, naquela época, que a Inglaterra estivesse mais preocupada com MacDonald do que com Stalin. "Cromwell não formou um exército, mas um partido: seu exército era um partido armado, e foi isso o que fez sua força." Os soldados de Cromwell receberam, no campo, o nome de Ironsides*. "É sempre útil para uma revolução", acrescentou Trótski, "ter flancos de ferro. Nesse aspecto, os trabalhadores ingleses têm muito a aprender com Cromwell." Por que, então, ele não decidiu agir? Por que não jogava seus flancos de ferro, os soldados do Exército Vermelho, contra os partidários de Stalin?

Seus adversários se aproveitam de sua indecisão, demitem-no como comissário do povo para a guerra, tiram seu controle do Exército Vermelho. Algum tempo depois, Tomski é afastado da liderança das organizações sindicais. O grande herege, o temível catilinário, encontra-se desarmado: os dois instrumentos em que o Bonaparte bolchevique baseou o plano de seu 18 de brumário, o exército e os sindicatos, voltaram-se contra ele. A máquina da GPU pouco a pouco faz desmoronar sua popularidade: a multidão de seus partidários, decepcionada com sua conduta ambígua e suas inexplicáveis fraquezas, gradualmente se dispersa. Trótski adoece, deixa Moscou. Em maio de 1926, ele estava em uma clínica em Berlim: as notícias da greve geral na Inglaterra e do golpe de Estado de Pilsudski deram-lhe febre. É preciso que retorne à Rússia, ele não deve desistir da luta. Nada está perdido até que tudo esteja perdido. O criador da GPU, o cruel e fanático Dzerjinski, morre repentinamente em julho de 1926, durante uma reunião do Comitê Central, enquanto fazia um violento discurso contra Trótski. A dissensão, que há muito tempo já vinha amadurecendo dentro da

---

* Ironsides (flanco de ferro em inglês) é o nome dado, pelos seus oponentes, aos soldados de cavalaria de Cromwell em alusão a sua resistência em batalha. (N. da T.)

troika, revela-se de súbito com a aliança de Kamenev e Zinoviev contra Stalin. Inicia-se a luta entre os três guardiões oficiais da múmia de Lênin. Stalin chama Menjinski (1874-1934), sucessor de Dzerjinski, para ajudar a GPU; Kamenev e Zinoviev se alinham ao lado de Trótski.

Chegou a hora da ação: a maré alta da sedição está subindo em direção ao Krêmlin.

Os governos da Europa até agora têm dado provas de que nada aprenderam com os acontecimentos de outubro de 1917: a cada dia, eles se revelam incapazes de assegurar a defesa do Estado contra o perigo comunista. O sistema de medidas policiais não é mais suficiente para garantir o Estado contra a moderna técnica de insurreição. Seria benéfico que os governos da Europa, que nada aprenderam com a experiência de Kerensky, pudessem tirar proveito das lições dos acontecimentos do ano de 1927, ou seja, da experiência de Stalin. A tática seguida por Stalin em 1927 é um modelo da arte de defender o Estado: é a única que pode se opor à insurreição comunista. É necessário estudar a tática de Stalin, o único na Europa que deu provas de saber aproveitar a lição de outubro de 1917 caso se queira assegurar a defesa do Estado burguês contra o perigo comunista.

"As revoluções não são feitas de forma arbitrária", escreveu Trótski sobre a situação na Inglaterra no início de sua luta contra Stalin. "Se fosse possível atribuir-lhes um itinerário racional, provavelmente seria possível evitá-las." Ora, foi o próprio Trótski quem atribuiu um itinerário racional às tentativas revolucionárias, quem estabeleceu os princípios e as regras da tática insurrecional moderna: e foi Stalin que, aproveitando a lição de Trótski, mostrou aos governos da Europa a possibilidade de assegurar a defesa do Estado burguês contra o perigo de uma insurreição comunista.

Suíça ou Holanda, isto é, dois dos Estados mais policialescos e mais bem organizados da Europa, nos quais a ordem não é apenas produto da máquina política e burocrática do Estado, mas característica da natureza desses povos, não apresentam, na aplicação das táticas insurrecionais comunistas, maiores dificuldades do que a Rússia de Kerensky. De que observação advém essa afirmação paradoxal? Da observação de que o problema do golpe de Estado moderno é um problema de ordem técnica. A insurreição é uma máquina, diz Trótski: são necessários técnicos para colocá-la em movimento, só os técnicos podem pará-la. O acionamento dessa máquina não depende das condições gerais do país, de circunstâncias excepcionais, como uma crise revolucionária que atingiu o ponto de maturidade, o espírito de revolta das massas proletárias levado à exasperação, um governo impotente para fazer frente à desordem política, social e econômica. A insurreição não se faz com as massas: e sim com um punhado de homens prontos para tudo, treinados em táticas insurrecionais, treinados para atingir rápida e gravemente os centros vitais da organização técnica do Estado. Essa tropa de assalto deve ser constituída por esquadrões de homens armados, operários especializados, mecânicos, electricistas, telegrafistas, radiotelegrafistas, sob as ordens de engenheiros, técnicos, que conheçam o funcionamento dos órgãos técnicos do Estado.

Durante uma sessão do Comintern em 1923, Radek apresentou a proposta de organizar em cada país da Europa um órgão especial para a conquista do Estado. Seu ponto de vista era o de que mil homens bem treinados e experientes poderiam ter tomado o poder em qualquer país da Europa, na França como na Inglaterra, na Alemanha como na Suíça ou na Espanha. Radek não tinha fé nas qualidades revolucionárias dos comunistas de outros países. Suas críticas aos homens e métodos das várias seções da Terceira Internacional não pouparam nem mesmo a memória de Rosa Luxemburgo (1871-1919) e Liebknecht (1871-1919). Em 1920, durante a ofensiva de Trótski contra a Polônia, quando o Exército Vermelho se aproximava de Varsóvia, e se esperava dia a dia, no Krêmlin, a notícia da conquista da capital polonesa, Radek estava sozinho na luta contra o otimismo geral. A vitória de Trótski dependia em grande parte da ajuda dos comunistas poloneses: Lênin acreditava cegamente que a insurreição comunista iria estourar em Varsóvia assim que os soldados vermelhos chegassem ao Vístula. "Não devemos contar com os comunistas poloneses", disse Radek, "eles são comunistas, mas não revolucionários". Algum tempo depois, Lênin disse a Clara Zetkin: "Radek previu o que aconteceria. Ele nos havia prevenido. Fiquei seriamente irritado com ele, eu o tratei como um derrotista. Mas era ele quem estava certo. Ele conhece a situação fora da Rússia melhor do que nós, sobretudo nos países ocidentais."

A lição dos acontecimentos na Polônia aproximara Trótski das ideias de Radek. Ele estava convencido de que os comunistas de outros países não eram capazes de conquistar o poder: eram revolucionários da velha escola, que colocavam o problema da insurreição como um problema da polícia. Sua tática consistia no velho método de atacar o governo pela frente, de lançar todas as forças insurrecionais contra as posições defendidas pela polícia e pelas tropas governamentais, de tentar atingir os centros vitais da organização política e burocrática do Estado, negligenciando os centros vitais da organização técnica. Esse antigo método, ditado pela concepção arcaica de romper a defesa do oponente com a ação de massa, de opor o impulso popular às medidas policiais, baseava-se na participação das massas proletárias na ação insurrecional. "A experiência europeia dos últimos anos", afirmava Radek, "prova que nada é mais fácil do que quebrar o impulso popular: o sistema de medidas policiais é a melhor defesa contra o velho método dos comunistas dos países ocidentais; mas de nada serve contra os golpes rápidos e violentos de um corpo especial, treinado na técnica da insurreição de outubro". O antigo método dos comunistas dos países ocidentais era o mesmo que o Comitê Central e a Comissão queriam aplicar contra Kerensky em outubro de 1917.

A proposta de Radek de organizar em cada país da Europa um corpo especial para a conquista do Estado encontrou em Trótski um defensor corajoso e de ideias definidas. Trótski chegou mesmo a considerar a necessidade de estabelecer em Moscou uma escola para a educação técnica dos comunistas, destinada a formar esse corpo especial em cada país. Essa ideia foi recentemente adotada por Hitler, que vem organizando uma escola desse tipo em Munique, para a educação de suas tropas de assalto. "Com um corpo especial de mil homens, recrutados entre os trabalhadores de Berlim e colocados sob a liderança dos comunistas russos", afirmava Trótski, "comprometo-me a tomar Berlim em 24 horas". Ele não confiava no entusiasmo popular, na participação das massas proletárias na ação insurrecional: "A intervenção armada das massas é necessária em um momento posterior, para afastar o retorno ofensivo dos contrarrevolucionários." E acrescentou que os comunistas alemães sempre seriam derrotados pelos Scheupos e pelo Reichswehr até que decidissem aplicar a tática do Outubro. Trótski e Radek chegaram a elaborar o plano detalhado para um golpe de Estado em Berlim. Em maio de 1926, Trótski, que se encontrava na capital alemã para se submeter a uma operação na garganta, foi acusado de estar em Berlim para organizar ali um levante comunista. Porém, em 1926 ele já não mais se preocupava com a revolução em outros países europeus: a notícia da greve geral na Inglaterra e do golpe de Estado de Pilsudski lhe causou febre e o fez apressar seu retorno a Moscou. Foi a febre dos grandes dias de outubro, aquela que o transformou, como dizia Lunatcharski, em uma garrafa de Leyda.

Trótski, pálido e febril, voltava a Moscou para organizar a tropa de assalto destinada a derrubar Stalin e a tomar o Estado.

Contudo, Stalin soube tirar proveito da lição de outubro de 1917. Com a ajuda de Menjinski, o novo chefe da GPU, Stalin organizou pessoalmente um "corpo especial" para a defesa do Estado. O comando "técnico" daquele corpo especial, que ocupa o último andar do edifício Lubianka, sede da GPU, é confiado a Menjinski, que supervisiona pessoalmente a escolha dos comunistas destinados a tomar parte dele, recrutando-os entre os trabalhadores dos serviços técnicos do Estado, técnicos elétricos, operadores de telégrafo, telefonistas, operadores de rádio, trabalhadores ferroviários, mecânicos etc. Seu armamento pessoal consiste apenas em granadas de mão e revólveres, para que seus movimentos não ficassem desajeitados. Esse corpo especial é composto por cem "equipes" de dez homens cada, apoiados por vinte carros blindados. Cada "equipe" possui uma divisão de metralhadoras leves e um par de motociclistas para conexão tanto com as outras "equipes" quanto com a "equipe" do Lubianka. Menjinski, que não se descuida em nada para que o segredo mais cioso referente à própria existência desse "corpo especial" seja mantido, divide Moscou em dez setores: uma rede de linhas telefônicas secretas, chefiada pelo Lubianka, conecta um setor ao outro. Além de Menjinski, apenas os operários que trabalharam na construção dessas linhas telefônicas conhecem sua existência e sua trajetória. Todos os centros vitais da organização técnica de Moscou estão assim conectados ao Lubianka por meio de uma rede telefônica, protegidos de qualquer ataque, de qualquer tentativa de sabotagem. Numerosas "células" de observação, controle e resistência foram instaladas nos prédios localizados nos pontos estratégicos de cada setor: elas constituem os elos da cadeia que forma o sistema nervoso da organização.

A unidade de combate desse corpo especial é a equipe, o "destacamento". Cada "equipe" deve praticar para agir no terreno que lhe foi designado, dentro dos limites de seu próprio setor. Cada membro de cada "equipe" deve conhecer exatamente a tarefa de sua própria "equipe" e a das outras nove "equipes" de seu próprio setor. A organização, segundo a fórmula de Menjinski, é "secreta e invisível". Seus membros não usam uniformes, nenhum sinal externo permite que sejam reconhecidos: seu próprio pertencimento à organização é secreto. Além de uma educação técnica e militar, os membros do corpo especial recebem uma educação política: cada expediente é colocado em prática para excitar seu ódio contra os inimigos, abertos ou ocultos, da revolução, contra os judeus, contra os partidários de Trótski. Os judeus não têm permissão para se juntar à organização. É uma verdadeira escola de antissemitismo, onde os membros do corpo especial aprendem a arte de defender o Estado soviético contra as táticas insurrecionais de Trótski.

Tem havido muita discussão, tanto na Rússia quanto na Europa, sobre a origem e a natureza do antissemitismo de Stalin. Alguns o justificam como uma concessão, ditada por razões de conveniência política, aos preconceitos das massas camponesas. Outros o consideram um simples episódio da luta de Stalin contra Trótski, Zinoviev e Kamenev, todos os três judeus. Aqueles que acusam Stalin de violar a lei de Lênin, que declara crime contrarrevolucionário e pune severamente todas as formas de antissemitismo, não parecem levar em conta o fato de que o antissemitismo de Stalin deve ser julgado apenas em relação às necessidades da defesa do Estado, e só pode ser considerado como um dos muitos elementos da tática seguida por Stalin contra a tentativa de insurreição de Trótski.

O ódio de Stalin contra os três judeus, Trótski, Zinoviev e Kamenev, não é suficiente para justificar, dez anos após a Revolução de Outubro de 1917, tal retorno ao *antissemitismo de Estado* do tempo de Stolypin (1862-1911). Na certa não é no fanatismo religioso e nos preconceitos tradicionais que se devem buscar as causas da luta travada em 1927 por Stalin contra os judeus: mas sim na necessidade de combater os elementos mais perigosos dos partidários de Trótski.

Menjinski observou que os partidários mais proeminentes de Trótski, Zinoviev e Kamenev eram quase todos israelitas. No Exército Vermelho, nos sindicatos, nas fábricas, nos ministérios, os judeus estão com Trótski; no Soviete de Moscou, Kamenev tem a maioria; e o Soviete de Leningrado é todo a favor de Zinoviev – a espinha dorsal da oposição a Stalin era constituída por judeus. Para separar de Trótski, Kamenev e Zinoviev o exército, os sindicatos e as massas operárias de Moscou e Leningrado, basta reviver os antigos preconceitos antissemitas, a aversão instintiva do povo russo pelos judeus. Stalin, em sua luta contra a "revolução permanente", apoia-se no egoísmo pequeno-burguês dos kulaks, ou camponeses ricos, e na ignorância das massas camponesas, que não renunciaram a seu ódio atávico aos judeus. Ele propõe estabelecer, por meio do antissemitismo, uma frente única de soldados, operários e camponeses contra o perigo trotskista. Menjinski tem boas cartas em sua luta contra o partido de Trótski, em sua busca por membros da organização secreta que Trótski está formando para tomar o poder. Em cada judeu, Menjinski suspeita e persegue um trotskista. A luta contra o partido de Trótski assume assim o caráter de um verdadeiro *antissemitismo de Estado*. Os judeus são sistematicamente expulsos do exército, dos sindicatos, das funções burocráticas do Estado e das funções do Partido Comunista, das administrações dos trustes industriais e comerciais. O expurgo é realizado até no Comissariado das Relações Exteriores e na Comissão de Comércio Exterior, onde os judeus eram considerados insubstituíveis.

Gradualmente, o partido de Trótski, que havia estendido seus tentáculos a todos os órgãos da máquina política, econômica e administrativa do Estado, vai desmoronando. Entre os judeus perseguidos pela GPU, privados de seus empregos, de suas funções, de seus salários, presos, exilados, dispersos ou reduzidos a viver penosamente à margem da sociedade soviética, há muitos que não estavam de forma alguma relacionados à conspiração trotskista: "Eles pagam pelos outros: e os outros pagam por todos", diz Menijnski.

Trótski não pode nada contra as táticas de Stalin: ele é impotente para se defender desse despertar propositalmente provocado do ódio popular instintivo aos judeus. Todos os preconceitos da antiga Rússia czarista são despertados contra ele. Seu próprio e imenso prestígio cai em face dessa inesperada ressurreição dos instintos e preconceitos do povo russo. Seus partidários mais humildes e leais, os operários que o seguiram em outubro de 1917, os soldados que ele liderou para a vitória sobre os cossacos de Koltchak e Wrangel, agora se afastam dele. Aos olhos das massas operárias, Trótski agora não passa de um judeu.

Zinoviev e Kamenev começam a temer a coragem violenta de Trótski, sua tenacidade, seu orgulho, seu ódio por quem o trai, por quem o abandona, seu desprezo por quem o combate. Kamenev, mais fraco, mais indeciso, mais covarde, talvez, que Zinoviev, não trai Trótski: ele o abandona. Às vésperas da insurreição contra Stalin, ele age em relação a Trótski da mesma forma que, às vésperas da insurreição de outubro de 1917, agiu em relação a Lênin. "Eu não tinha fé na ação insurrecional", ele diria mais tarde para se justificar. "Eu também não tinha fé na traição", disse Trótski, que nunca o perdoará por não ter tido a coragem de traí-lo abertamente. Mas Zinoviev não abandona Trótski: ele o trairá apenas no último momento, após o fracasso da tentativa de insurreição contra Stalin: "Zinoviev não é um covarde", Trótski dirá dele, "ele só foge diante do perigo".

Para não o ter a seu lado em tempos de perigo, Trótski encarregou-o de organizar as "equipes" de operários em Leningrado, destinadas a tomar a cidade ao anúncio do sucesso da insurreição de Moscou. Todavia, Zinoviev não é mais o ídolo das massas proletárias de Leningrado. Em outubro de 1926, enquanto o Comitê Central do Partido se reunia na antiga capital, a manifestação organizada em homenagem ao Comitê Central assumiu subitamente o caráter de uma manifestação a favor de Trótski. Se Zinoviev ainda tivesse sua antiga influência sobre os operários de Leningrado, esse episódio poderia ter se tornado o ponto de partida de uma revolta. Mais tarde, Zinoviev assumiu o crédito por essa manifestação sediciosa. Na verdade, nem Zinoviev nem Menjinski a haviam previsto. O próprio Trótski foi pego de surpresa: naquela ocasião, ele teve o bom senso de não tirar vantagem disso. As massas operárias de Leningrado não eram mais as de dez anos antes. Em que se tornaram os Guardas Vermelhos do Outubro de 1917?

Aquela procissão de operários e soldados, que desfilam assobiando em frente ao Palácio Tauride, sob as arquibancadas dos membros do Comitê Central, e se aglomeram em torno de Trótski, aclamando o herói do levante de outubro, o criador do Exército Vermelho, o defensor da liberdade sindical, revelou a Stalin a fraqueza da organização secreta de Trótski. Um punhado de homens decididos poderia ter tomado a cidade naquele dia sem que um tiro sequer fosse disparado. Mas não é mais Antonov-Ovseienko quem comanda as "equipes" de operários, as tropas de assalto da insurreição: os Guardas Vermelhos de Zinoviev temem ser traídos por seu líder. "Se a facção trotskista", pensa Menjinski, "é tão forte em Moscou quanto em Leningrado, o jogo está ganho".

O terreno começa a ceder sob os pés de Trótski: por muito tempo ele assistiu impotente às perseguições, prisões e exílios de seus partidários. Há muito tempo ele se vê, cada dia mais, abandonado, traído por aqueles mesmos que lhe deram tantas provas de sua coragem e firmeza. Até que, sentindo-se em perigo, ele se lança à luta corpo a corpo, encontra em seu sangue aquele orgulho indomável e maravilhoso do judeu perseguido, essa vontade cruel e vingativa que dá a sua voz o tom bíblico de desespero e revolta.

Aquele homem pálido, de olhos míopes queimados pela febre e pela insônia, que se levanta para falar nos comícios, nos pátios dos quartéis e fábricas, diante de uma multidão de operários e soldados desconfiados, assustados, hesitantes, não é mais o Trótski de 1922, de 1923, de 1924, elegante, irônico, sorridente. É o Trótski de 1917, de 1918, de 1919, de 1920 e de 1921, do levante de outubro e da guerra civil, o Catilina bolchevique, o Trótski de Smolny e dos campos de batalha, o Grande Sedicioso. As massas operárias de Moscou, naquele homem pálido e violento, reconhecem o Trótski das estações vermelhas de Lênin. O vento da sedição já sopra nas fábricas e nos quartéis. Porém, Trótski permanece fiel a sua tática: não é a multidão, mas as tropas de assalto que devem ser secretamente organizadas e enviadas para capturar o Estado. Ele não pretende tomar o poder com uma insurreição, com uma revolta aberta das massas operárias, mas com um golpe de Estado "cientificamente" organizado. Dentro de algumas semanas, acontecerá a celebração do décimo aniversário da Revolução de Outubro. Representantes das várias seções da Terceira Internacional chegarão a Moscou vindos de todos os países da Europa. É com uma vitória sobre Stálin que Trótski se prepara para comemorar o décimo aniversário de sua vitória sobre Kerensky. As delegações operárias de todos os países da Europa assistirão a uma retomada violenta da revolução proletária contra o Termidor da pequena burguesia do Krêmlin: "Trótski está trapaceando no jogo", diz Stalin com um sorriso. E enquanto isso, ele acompanha de perto todos os movimentos do adversário. Mil operários e soldados, antigos seguidores de Trótski que permaneceram fiéis à concepção revolucionária da "velha guarda" bolchevique, estão prontos para o grande dia: há algum tempo já as "equipes" trotskistas de técnicos e operários treinam as "manobras invisíveis". Os membros do corpo especial, organizado por Menjinski para a defesa do Estado, percebem obscuramente, a seu redor, o movimento da máquina insurrecional de Trótski: mil pequenos sinais os advertem do perigo que se aproxima. Menjinski tenta, por todos os meios, impedir os movimentos do adversário, mas os atos de sabotagem nas ferrovias, centrais elétricas, telefones, telégrafos aumentam a cada dia. Os agentes de Trótski se infiltram por toda parte, sentindo as engrenagens da organização técnica do Estado, provocando, ocasionalmente, a paralisia parcial dos órgãos mais delicados. Essas são as escaramuças preliminares da insurreição.

Os técnicos do corpo especial de Menjinski, permanentemente mobilizados, monitoram o funcionamento dos gânglios nervosos do Estado, testam sua sensibilidade, medem seu grau de resistência e reação. Menjinski gostaria, sem perda de tempo, de prender Trótski e seus partidários mais perigosos: mas Stalin se opõe. Às vésperas da celebração do décimo aniversário da Revolução de Outubro, a prisão de Trótski causaria uma impressão desfavorável tanto nas massas soviéticas como nas delegações operárias de todos os países da Europa, que já começam a se reunir em Moscou para assistir às cerimônias oficiais. A oportunidade escolhida por Trótski para tentar assumir o Estado não poderia ser melhor. Sendo o bom estrategista que é, ele se escondeu. Para não parecer um tirano, Stalin não se atreve a prendê-lo. "Quando ele puder arriscar, será tarde demais", pensa Trótski, "as luzes do décimo aniversário da Revolução serão apagadas, e Stalin não estará mais no poder".

A ação insurrecional deve ter início com a ocupação dos órgãos técnicos da máquina estatal e com a prisão dos comissários do povo, membros do Comitê

Central e da Comissão para o expurgo do partido. Entretanto, Menjinski impediu o golpe: os Guardas Vermelhos de Trótski encontram as casas vazias. Todos os líderes do partido se refugiaram no Krêmlin, onde Stalin, frio e paciente, aguarda o resultado da luta que começou entre as tropas de assalto da insurreição e o corpo especial de Menjinski.

É 7 de novembro de 1927. Moscou está toda pavimentada de vermelho: a procissão de representantes das repúblicas federadas da URSS, que vieram de todas as localidades da Rússia e do fundo da Ásia, desfilam em frente do Hotel Savoy e do Hotel Métropole, onde ficam as delegações operárias de vários países europeus. Na Praça Vermelha, em frente ao muro do Krêmlin, milhares e milhares de bandeiras vermelhas cercam o mausoléu de Lênin. No final da praça, em frente à igreja de Vassili Blajenni, alinham-se os cavaleiros cossacos de Budionny (1883-1973), a infantaria de Tukatchevski (1893-1937), os veteranos de 1918, 1919, 1920, 1921, esses mesmos soldados que Trótski levou à vitória em todas as frentes da guerra civil. Enquanto o comissário do povo para a Guerra, Voroshilov (1881-1969), passa em revista os representantes militares da URSS, Trótski, o criador do Exército Vermelho, empreende, à frente de mil homens, a conquista do Estado.

Menjinski, no entanto, tomou as medidas necessárias. Sua tática defensiva não consiste em defender, por fora, com grande desdobramento de forças, os prédios estatais ameaçados, mas em defendê-los por dentro, com um punhado de homens. Ao ataque invisível de Trótski ele opõe uma defesa invisível. Ele não cai no erro de dispersar suas forças para proteger o Krêmlin, os Comissariados do Povo, as sedes dos trustes industriais e comerciais, os sindicatos e administrações públicas. Enquanto os destacamentos policiais da GPU garantem a segurança da organização político-administrativa do Estado, ele concentra as forças do corpo especial na defesa da organização técnica. Trótski não previu a tática de Menjinski. Ele o desprezava demais e considerava muito a si mesmo para imaginar Menjinski como um adversário a se temer. Trótski percebe tarde demais que seus adversários souberam tirar proveito da lição do Outubro de 1917. Quando lhe chegam as informações de que sua investida contra as centrais telefônicas e telegráficas e contra as estações ferroviárias fracassou e que os acontecimentos estão se desenrolando de uma maneira inesperada e inexplicável, Trótski imediatamente se dá conta de que a ação insurrecional atingiu uma organização defensiva, muito diferente das habituais medidas policiais clássicas, mas ele não consegue perceber a situação real. Enfim, ao saber da notícia do fracasso da investida tentada contra a usina de Moscou, ele reverte abruptamente seu plano de ação e se concentra na organização política e administrativa do Estado. Não podendo mais contar com suas tropas de assalto, derrotadas e dispersas pela reação inesperada e violenta do adversário, ele abandona sua tática e concentra todos os seus esforços na tentativa derradeira de insurreição geral. O apelo que, naquele dia, Trótski lançou às massas proletárias de Moscou foi recebido apenas por alguns milhares de estudantes e operários. Enquanto, na Praça Vermelha, em frente ao mausoléu de Lênin, multidões se aglomeram em torno da tribuna de Stalin, os chefes do governo e do partido, e os representantes estrangeiros da Terceira Internacional, os partidários de Trótski invadem o anfiteatro da Universidade, repelem o ataque de um destacamento de polícia e se dirigem para a Praça Vermelha, à frente de uma coluna de estudantes e trabalhadores.

A conduta de Trótski naquela ocasião foi de modo variado e duramente criticada. Esse apelo ao povo, esse ir às ruas, esse tipo de tumulto desarmado, tudo isso foi apenas uma aventura tola. Após o fracasso da tentativa de insurreição, Trótski não aparece mais guiado por aquela inteligência fria que sempre, nas horas decisivas de sua vida, dominou de maneira calculada o ardor de sua imaginação, e com cinismo, a violência de suas paixões: embriagado de desespero, ele perde o controle da situação e se deixa levar por sua natureza passional, o que o leva àquela absurda tentativa de derrubar Stalin com um motim. Talvez Trótski sinta que o jogo está perdido, que as massas não confiam mais nele, que poucos amigos ainda permanecem fiéis a ele. Trótski sente que agora não pode mais contar consigo mesmo, mas que "nada está perdido até que tudo esteja perdido". Foi até creditado a ele o imprudente plano de tomar a múmia de Lênin, deitada no caixão de vidro, no triste mausoléu ao pé do muro do Krêmlin, a fim de chamar o povo para se reunir em torno do fetiche da Revolução, para transformar a múmia do ditador vermelho em um aríete para derrubar a tirania de Stalin. Lenda sombria, que não deixa de ter uma certa grandeza. Quem sabe se por um momento a ideia de tomar a múmia de Lênin não passou pela imaginação exaltada de Trótski, enquanto o clamor da multidão se elevava a seu redor, e, ao som da Internacional, seu pequeno exército de estudantes e operários marchava em direção à Praça Vermelha, cheia de soldados e de pessoas, repleta de baionetas e inflamada com bandeiras?

Ao primeiro impacto, a procissão de seus partidários recua e se dispersa. Trótski olha ao redor. Onde estão seus fiéis, os líderes de sua facção, os generais desse seu pequeno exército desarmado que se move para a conquista do Estado? O único que permaneceu firme na luta foi Trótski, o Grande Sedicioso, o

Catilina da revolução comunista. "Um soldado", o próprio Trótski relata, "disparou contra meu carro como advertência. Alguém, é claro, estava guiando sua mão. Quem tinha olhos para ver viu, naquele 7 de novembro, nas ruas de Moscou, um exemplo de Termidor".

Na tristeza de seu exílio, Trótski talvez pense que a Europa proletária poderá tirar proveito das lições desses eventos. Ele esquece que a Europa burguesa pode tirar vantagem disso.

Durante o golpe de Estado fascista de outubro de 1922, em Florença, Israel Zangwill (1864-1926) – o escritor inglês que, em suas obras e em sua vida, nunca tentou, nem mesmo naqueles dias de revolução, esquecer suas ideias liberais e seus preconceitos democráticos – fez chegar a meu conhecimento um caso muito incomum. Ao chegar a Florença, no momento em que deixava a estação, Zangwill foi preso por alguns camisas-negras aos quais ele se recusou a mostrar seus documentos de identificação. Na Inglaterra, Israel Zangwill pertencia à União de Controle Democrático e era um inimigo declarado da violência e da ilegalidade. Os homens armados que ocuparam a estação não eram policiais, nem soldados, nem agentes policiais, mas camisas-negras, ou seja, indivíduos que não tinham direito algum de ocupar a estação e de pedir-lhe que mostrasse seus documentos de identificação.

Conduzido ao Fascio, na praça Mentana, perto do Arno, no prédio onde antes era a sede da FIOM (Federação Italiana dos Operários Metalúrgicos, uma organização sindical socialista que os fascistas haviam dissolvido com violência), o escritor inglês foi levado à presença do cônsul Tamburini (1892-1957), então comandante geral dos camisas-negras de Florença. O cônsul Tamburini mandou me chamar em casa e me pediu para ser seu intérprete: qual não foi minha surpresa ao me ver diante de Israel Zangwill, que soube desempenhar perfeitamente o papel de membro da União de Controle Democrático, vítima da violência de uma revolução que não era nem inglesa, nem liberal, nem democrática.

Ele ficou furioso e expressou, em um inglês muito correto, visões nada corretas sobre as revoluções, em geral, e sobre o fascismo, em particular: seu rosto estava vermelho de raiva, e seus olhos fulminavam impiedosamente o pobre Tamburini, que não sabia falar inglês e não teria entendido uma palavra dessa linguagem liberal e democrática nem mesmo se o estrangeiro falasse em italiano. Fiz o meu melhor para traduzir em termos educados essa linguagem tão dura aos ouvidos fascistas, e acredito ter prestado um bom serviço a Israel Zangwill, pois, naqueles dias, o cônsul Tamburini não era um personagem de Teócrito* nem um membro da Sociedade Fabiana: ainda mais porque ele não sabia da existência de Israel Zangwill e parecia não acreditar que ele era um famoso escritor inglês.

"Eu não entendo uma palavra de inglês", disse o cônsul Tamburini, "e acho que você não traduziu fielmente o que ele disse: o inglês é uma língua contrarrevolucionária, e até mesmo sua sintaxe parece ser liberal. De qualquer forma, leve esse cavalheiro com você e tente fazê-lo esquecer esse incidente desagradável".

Saí com Zangwill para acompanhá-lo ao hotel e fiquei com ele algumas horas, conversando sobre Mussolini, sobre a situação política e sobre a luta empreendida pela conquista do Estado.

Era o primeiro dia da insurreição, e o desenrolar dos acontecimentos parecia obedecer a uma lógica que não era a do governo. Israel Zangwill não queria acreditar que a revolução já se encontrava em pleno andamento. "Em 1789, em Paris", disse ele, "a revolução não estava apenas nos espíritos, mas também nas ruas".

A aparência de Florença, para dizer a verdade, não era a de Paris em 1789: as pessoas nas ruas pareciam calmas e indiferentes, e todos os rostos estavam iluminados pelo antigo sorriso florentino, cortês e irônico. Eu o fiz notar que em Petrogrado, em 1917, no dia em que Trótski deu o sinal para a insurreição, ninguém podia se dar conta do que acontecia: os teatros, cinemas, restaurantes, cafés estavam abertos; a técnica do golpe de Estado havia feito grandes progressos nos tempos modernos.

"A revolução de Mussolini", exclamou Zangwill, "não é uma revolução, é uma comédia!"

Como muitos liberais e democratas italianos, ele suspeitava da existência de um entendimento entre o rei e Mussolini: a insurreição não passava de uma "encenação", destinada a encobrir o jogo da monarquia. A opinião de Zangwill,

---

* Teócrito (310-250 a.C.) foi o poeta grego de maior expressão no período helenístico, que escreveu poemas bucólicos, mimos e contos épicos. Sua obra influenciou fortemente a poesia bucólica, mas, ao contrário da poesia do período que se seguiu, que é grandemente idealizada, a sua é natural e realista. (N. da T.)

embora errada, era altamente respeitável, como todas as opiniões inglesas. Mas ela se baseava na convicção de que os acontecimentos daqueles dias eram fruto de um jogo político, cujos elementos principais não eram a violência e o espírito revolucionário, mas a astúcia e o cálculo. Aos olhos de Israel Zangwill, Mussolini parecia um discípulo de Maquiavel, e não de Catilina: a opinião do escritor inglês era, no fundo, uma opinião, naquela época e também hoje, muito difundida na Europa. Desde o início do século passado, sempre houve, na Europa, o hábito de considerar os homens e os acontecimentos da Itália como se fossem gerados por uma lógica e estética antigas.

Essa maneira de considerar a história da Itália moderna é em grande parte responsável pela inclinação natural dos italianos para a retórica, a eloquência e a literatura: o que é um defeito, do qual nem todos os italianos estão infectados, mas do qual muitos nunca se curam. Embora um povo seja julgado por seus defeitos, e não por suas qualidades, parece-me que nada pode justificar a opinião que os estrangeiros têm da Itália moderna, ainda que a retórica, a eloquência e a literatura distorçam os acontecimentos a tal ponto que a história assuma um ar de comédia, os heróis, um ar de comediantes, e o povo, um ar de figurantes e espectadores.

Para compreender plenamente as coisas da Itália de hoje é preciso pensar de forma objetiva, ou seja, esquecer que houve gregos, romanos e italianos do Renascimento. "Assim você perceberá", eu disse a Israel Zangwill, "que não há nada de antigo em Mussolini: ele é sempre, e às vezes involuntariamente, um homem moderno; seu jogo político não é o de Valentino Borgia, seu maquiavelismo não é muito diferente daquele de Gladstone ou de Lloyd George, e sua concepção do golpe de Estado nada tem em comum com a de Sula ou de Júlio César. Nestes dias, muito se ouvirá falar do Rubicão e de César: mas é retórica de boa-fé, que não impediu Mussolini de conceber e de aplicar uma tática insurrecional completamente moderna, que o governo não conhece e contra a qual nada pode fazer além de se opor às medidas policiais".

Israel Zangwill me fez observar, ironicamente, que o conde Oxenstierna (1583-1654), em seu famoso *Memorie*, ao falar da etimologia do nome de César, afirma que se origina da palavra púnica "*cesar*", que significa "elefante". "Espero de fato", acrescentou, "que Mussolini, em sua tática revolucionária, seja mais ágil que um elefante e mais moderno que César". Ele estava muito curioso para ver de perto o que eu chamava de a máquina insurrecional fascista, visto que ele não conseguia entender como uma revolução poderia ser feita sem barricadas, sem luta nas ruas e sem calçadas cheias de cadáveres. "Tudo corre em perfeita ordem", exclamou, "é uma comédia, só pode ser uma comédia!"

Ocasionalmente, caminhões carregados de camisas-negras – usando capacetes de aço, armados com fuzis e portando bandeiras pretas com grandes caveiras bordadas em prateado – cruzavam em alta velocidade as ruas do centro. Israel Zangwill não queria acreditar que aqueles jovens, aqueles meninos, fossem as famosas tropas de assalto de Mussolini, tão rápidas e tão violentas em seus métodos de combate. "O que não pode ser perdoado ao fascismo", disse ele, "é o uso da violência". Mas o exército revolucionário de Mussolini não era o Exército da Salvação, e os camisas-negras não vinham armados com punhais e granadas de mão para fazer filantropia, e sim para travar a guerra civil. Aqueles que fingem negar a violência fascista e fazer os camisas-negras passarem por discípulos de Rousseau ou de Tolstói são os mesmos que, fartos de retórica, eloquência e literatura, querem fazer com que se acredite que Mussolini é um antigo romano, um líder do Quattrocento*, ou um senhor do Renascimento, com as doces e brancas mãos de um envenenador e um platônico. Com discípulos de Rousseau ou Tolstói, liderados por um antigo romano ou um líder do Quattrocento, não se pode fazer uma revolução, mas, no máximo, algo que se assemelhe a uma comédia: não se pode sequer tomar um Estado defendido por um governo liberal. "Você não é um hipócrita", disse-me Israel Zangwill, "portanto, conseguiria me mostrar como olhar para esta revolução e não a ver como uma comédia?"

Eu lhe propus levá-lo comigo naquela mesma noite, para ver mais de perto o que chamei de máquina insurrecional fascista.

Os camisas-negras tomaram de surpresa todos os pontos estratégicos da cidade e da província, a saber, os órgãos da organização técnica, as fábricas de gás, as centrais elétricas, os correios, as centrais telefônicas e telegráficas, as pontes, as estações ferroviárias. As autoridades políticas e militares foram surpreendidas pelo ataque repentino. A polícia, depois de algumas tentativas vãs de expulsar os fascistas da estação ferroviária, dos correios e das centrais telefônicas e telegráficas, refugiou-se no Palácio Riccardi, sede da prefeitura e antiga residência de Lorenzo, o Magnífico (1449-1492), defendido por destacamentos de policiais e de guardas reais apoiados por dois carros blindados.

---

* O Quattrocento (século XV) compreende os eventos culturais e artísticos na Itália da era de ouro do Renascimento. (N. da T.)

Sitiado na prefeitura, o prefeito Pericoli (1862-1931) não conseguia se comunicar nem com o governo de Roma nem com as autoridades da cidade e da província: as linhas telefônicas haviam sido cortadas, e metralhadoras fascistas, localizadas nas casas ao redor, mantinham todas as rotas de saída do Palácio Riccardi sob a ameaça de seu fogo. As tropas da guarnição, os regimentos de infantaria, artilharia e cavalaria, os policiais e os guardas reais ficaram detidos nos quartéis: as autoridades militares mantinham, no momento, uma neutralidade benévola. Mas não havia muito em que confiar nesse tipo de neutralidade: se a situação não se esclarecesse em 24 horas, seria de esperar que o príncipe Gonzaga, comandante do Corpo do Exército, tomasse a iniciativa de restabelecer a ordem com todos os meios. Um conflito com o exército poderia ter consequências muito graves para a revolução; Florença, com Pisa e Bolonha, é a chave para as comunicações ferroviárias entre o norte e o sul da Itália. Para garantir o transporte das forças fascistas do norte para o Lácio, a chave estratégica da Itália central tinha que ser preservada a qualquer custo, enquanto se esperava que as gangues dos camisas-negras marchassem sobre a capital para obrigar o governo a entregar o poder nas mãos de Mussolini. Só havia uma maneira de manter Florença: ganhando tempo.

A violência não exclui o engano. Por ordem do quadrúnviro Ítalo Balbo (1896-1940), que chegou repentinamente a Florença, uma equipe de fascistas foi ao *Nazione*, o jornal mais importante da Toscana. Apresentados ao editor do jornal, Aldo Borelli, que agora dirige o *Corriere della Sera*, aqueles esquadrões ordenaram-lhe que lançasse imediatamente uma edição extraordinária, com a notícia de que o general Cittadini, ajudante de ordens do rei, havia ido a Milão para entrar em negociações com Mussolini, e que, após esse passo, Mussolini concordara em formar um novo ministério. A notícia era falsa, mas tinha uma aparência de verdade: sabia-se que o rei estava, naqueles dias, em sua residência em San Rossore, perto de Pisa, mas o público não sabia que ele partira naquela mesma noite para Roma, acompanhado do general Citadini. Duas horas depois, centenas de caminhões fascistas espalharam por toda a Toscana os exemplares daquela extraordinária edição do *Nazione* e percorreram as ruas de Florença e das menores cidades do interior, os soldados e os policiais confraternizados com os camisas-negras, na alegria de uma solução que testemunhava tanto a prudência e o patriotismo do rei quanto a prudência e o patriotismo da revolução. O príncipe Gonzaga foi, pessoalmente, ao Fascio para confirmar a boa notícia, o que colocava fim a sua crise de consciência e o libertava de uma séria responsabilidade. O príncipe havia pedido a Roma, por rádio, que confirmasse o acordo entre o rei e Mussolini, mas, segundo ele, "o ministro da Guerra não queria ser claro sobre o assunto e respondeu que o nome do rei não deveria ser misturado em uma briga de partidos, e que a notícia era provavelmente prematura". E, sorrindo, o príncipe Gonzaga acrescentou: "Sei, por experiência própria, que para o ministro da Guerra as notícias verdadeiras são sempre prematuras."

À noite, o general Balbo partiu de carro para Perúgia, onde ficava o quartel-general da revolução, e o cônsul Tamburini tomou o trem com sua legião para se juntar às outras colunas fascistas na zona rural romana. Florença parecia dormir. Por volta da meia-noite, fui ao hotel Porta Rossa, onde Israel Zangwill me esperava, para lhe mostrar de perto como era possível constatar que a revolução fascista não era uma comédia.

Israel Zangwill me recebeu com um ar muito satisfeito. Segurando um exemplar da edição extraordinária do *Nazione*, ele me disse: "Consegue ver agora que o rei estava de acordo com Mussolini? Entendeu que uma revolução constitucional só pode ser uma encenação?". Contei-lhe a história da notícia falsa, e ele pareceu muito envergonhado. "É a liberdade de imprensa!", exclamou. Evidentemente, um rei constitucional não teria concordado com os revolucionários em suprimir a liberdade de imprensa: essa comédia se torna séria. Contudo, a liberdade de imprensa nunca impediu que os jornais publicassem notícias falsas: aspecto sobre o qual ele não tinha nenhuma objeção, exceto a consideração de que em um país livre como a Inglaterra não são as notícias falsas que fazem a liberdade de imprensa.

A cidade estava deserta. Patrulhas de fascistas foram localizadas nas esquinas, imóveis na chuva, com seu fez* preto colocado sobre as orelhas. Na Via de Pecori**, um caminhão estava estacionado em frente à entrada da central telefônica: era um desses caminhões armados com metralhadoras e revestidos de chapas metálicas, que os fascistas chamavam de tanques. A central telefônica havia sido ocupada pelas tropas de assalto do Giglio Rosso, que usavam um lírio vermelho no peito: o Giglio Rosso, com o La Disperata, era um dos esquadrões mais violentos das legiões florentinas. Próximo à estação do Campo de Marte, encontramos

---

* O fez, também conhecido como tarbush, é um pequeno chapéu de feltro ou pano muitas vezes utilizado em conjunto com um turbante, usado apenas por homens. (N. da T.)
** A Via de Pecori é uma rua do centro histórico de Florença, onde se localizam edifícios muito importantes e que leva a praças igualmente importantes da cidade. (N. da T.)

cinco caminhões carregados de fuzis e metralhadoras, que as células fascistas do quartel de San Giorgio (nas fábricas, nos regimentos, bancos, administrações públicas, por toda parte existiam células fascistas, que formavam a rede secreta da organização revolucionária) haviam entregado ao Comando Geral das Legiões. Esses fuzis e metralhadoras destinavam-se a mil camisas-negras da Romanha, mal armados apenas com punhais e revólveres, cuja chegada de Faença era esperada a qualquer momento.

"Parece", disse-me o comandante militar da estação, "que em Bolonha e Cremona houve conflitos com os policiais e que as perdas fascistas são graves". Os camisas-negras atacaram o quartel dos policiais, que se defenderam com extrema força. As notícias de Pisa, Lucca, Livorno, Siena, Arezzo e Grosseto eram melhores: toda a organização técnica das cidades e províncias estava nas mãos dos fascistas. "Quantos mortos?", perguntou Israel Zangwill. Ele ficou muito surpreso ao saber que em nenhum lugar da Toscana houve conflitos sangrentos. "Aparentemente", ele comentou, "a revolução fascista é muito mais séria em Bolonha e Cremona do que aqui". A insurreição bolchevique de outubro de 1917, em Petrogrado, foi realizada quase sem perdas: não houve mortes até durante a contrarrevolução, poucos dias após a conquista do Estado, quando os Guardas Vermelhos de Trótski tiveram que sufocar a revolta dos junkers e repelir a ofensiva dos cossacos de Kerensky e do general Krasnov. "Os sangrentos conflitos em Bolonha e Cremona", eu acrescentei, "provam que houve alguma falha na organização revolucionária fascista. Quando o funcionamento da máquina insurrecional é perfeito, como aqui na Toscana, os acidentes são muito raros". Israel Zangwill não conseguiu esconder um sorriso irônico ao dizer: "O rei é um mecânico muito habilidoso: é graças ao rei que sua máquina pode funcionar sem problemas."

Um trem chegava naquele momento, em uma nuvem de vapor e em um trovão de vozes, canções e batidas de tambor. "São os fascistas da Romanha", anunciou um ferroviário que passava com seu rifle no ombro. Logo nos encontramos no meio de uma multidão de camisas-negras, com um ar diferente e de aparência perturbadora, com suas caveiras bordadas no peito, capacetes de aço pintados de vermelho e punhais enfiados em largos cintos de couro. Seus rostos queimados de sol tinham as feições duras dos camponeses da Romanha: bigodes e barbas pontudas conferiam a seus semblantes um ar único, intenso e ameaçador. Israel Zangwill procurava não chamar muita atenção, sorria gentilmente e tentava abrir caminho entre aquela multidão barulhenta com gestos corteses, que atraíam para ele os olhares espantados desses homens armados com punhais. "Eles não parecem nada afáveis", reclamava ele em voz baixa. "Você não espera, imagino", retruquei, "que as revoluções sejam feitas com pessoas afáveis. Não é com doçura e engano que Mussolini vem travando sua batalha política há quatro anos, mas com violência, com a mais dura, a mais inexorável, a mais científica das violências".

Foi realmente uma aventura extraordinária a de Israel Zangwill, preso por uma patrulha de jacobinos em camisas pretas, depois solto, finalmente conduzido, à noite, em meio a turbas de desordeiros, para ver de perto o que impedia a revolução fascista de ser uma comédia. "Eu não acho que me pareço com Cândido entre os jesuítas", disse ele, sorrindo. Ele tinha um ar de Cândido entre os guerreiros: mas pode haver um Cândido inglês que se chama Israel? Aquele tipo de hércules camponês, de olhos impiedosos, mandíbulas quadradas e mãos largas de pugilista, olhava-o de cima a baixo com longos olhares desdenhosos, espantados e constrangidos de encontrar a seus pés um senhor de colarinho engomado, com gestos tímidos e corteses, que nem parecia um policial ou um deputado liberal.

Enquanto caminhávamos pelas ruas desertas, eu disse a Israel Zangwill: "Seu desprezo pela revolução fascista, que você considera uma comédia, está em contradição com seu ódio pelos camisas-negras, a quem a imprensa liberal inglesa critica todos os dias pelo uso da violência. Como pode ser que os revolucionários sejam violentos e que sua revolução seja uma comédia? Vou lhe dizer que os camisas-negras não são apenas violentos, eles são implacáveis. É verdade que os fascistas, às vezes, protestam em seus jornais contra as reivindicações de seus oponentes, que gostariam de fazê-los passar por violentos: mas é uma hipocrisia para o consumo da pequena burguesia. Além disso, o próprio Mussolini não é vegetariano, nem cientista cristão, nem social-democrata. Sua educação marxista não lhe permite ter certos escrúpulos tolstoianos: ele não aprendeu boas maneiras políticas em Oxford, e Nietzsche (1844-1900) sempre o enojou com romantismo e filantropia. Se Mussolini fosse um pequeno-burguês de olhos claros e voz fina, seus partidários, sem dúvida, se afastariam dele para seguir outro líder. Já foi visto, no ano passado, quando ele quis estabelecer uma trégua de armas com os socialistas: houve até rebeliões e divisões no fascismo, que se declarava unanimemente pela continuação da guerra civil. Não devemos esquecer que os camisas-negras, no geral, vêm de partidos de extrema-esquerda, quando não são veteranos de guerra, com o coração endurecido por quatro anos de front, ou jovens com impulsos generosos. Nem devemos esquecer que o deus dos homens armados só pode ser o deus da violência." Ele me respondeu simplesmente: "Eu jamais vou esquecer isso."

Ao amanhecer, quando voltamos a Florença, Israel Zangwill tinha visto de perto o que acontecia naqueles dias em toda a Itália: eu o havia levado rapidamente, de carro, pela região florentina, de Empoli a Mugello, de Pistoia a San Giovanni Valdarno. As pontes, as estações, as travessias, os viadutos, as eclusas, os celeiros, os depósitos de munições, as fábricas de gás, as centrais elétricas, todos os pontos estratégicos ocupados por esquadrões fascistas. Patrulhas surgiam, de repente, da escuridão: "Aonde você está indo?". Ao longo das ferrovias, a cada duzentos metros, ficava posicionado um camisa-negra. Nas estações de Pistoia, Empoli, San Giovanni Valdarno, equipes de ferroviários fascistas estavam prontas com suas ferramentas para remover os trilhos em caso de extrema necessidade. Todas as medidas para proteger ou parar o tráfego foram tomadas. Temia-se que reforços de policiais e de tropas tentassem descer em direção à Úmbria e ao Lácio para atacar as colunas de camisas-negras que marchavam sobre a capital. Um trem de policiais, vindo de Bolonha, parara perto de Pistoia, a poucas centenas de metros da famosa ponte de Vaioni: depois de uma troca de tiros, o trem voltou, não ousando entrar na ponte. Também houve escaramuças em Serravalle, na estrada de Lucca: caminhões carregados de guardas reais ficaram presos sob o fogo de metralhadoras que defendiam o acesso à planície de Pistoia. "Você certamente leu no *Vita di Castracane*, de Maquiavel, a história da Batalha de Serravalle", disse eu a meu companheiro. "Não leio Maquiavel", afirmou Israel Zangwill.

Já estava claro quando atravessamos Prato, uma pequena cidade perto de Florença e um grande centro da indústria têxtil, que emprega 25 mil trabalhadores divididos em duzentas fábricas. Chamada de a Manchester da Toscana, foi lá que nasceu Francesco di Marco Datini, que é considerado o inventor da "carta de câmbio", ou cheque bancário. Do ponto de vista político, Prato goza de má fama: é a cidade das revoltas operárias, das greves, e é a pátria de Gaetano Bresci (1869-1901), que em 1900 assassinou o rei Humberto. Seus habitantes têm bom coração, mas ficam cegos de raiva.

As ruas de Prato se encontravam cheias de operários a caminho do trabalho. Eles pareciam indiferentes e andavam em silêncio, sem sequer olhar para os cartazes do quadrunvirato, colados com lama durante a noite. "Talvez", comentei, "você se interesse em saber que Gabriele D'Annunzio fez seus estudos clássicos aqui em Prato, no famoso colégio Cicognini". "Neste momento", respondeu Israel Zangwill, "o que me interessa é saber qual o papel dos operários nesta revolução. O perigo, para os fascistas, não é o governo: é a greve geral"

No final de 1920, o problema do fascismo não era o de lutar contra o governo liberal ou contra o Partido Socialista, que, com sua parlamentarização progressiva, perturbava cada vez mais a vida constitucional do país, mas o de lutar contra os sindicatos dos trabalhadores, que constituíam a única força revolucionária capaz de defender o Estado burguês contra o perigo comunista ou fascista.

A tarefa das organizações operárias na defesa do Estado burguês, da qual Bauer, em março de 1920, dera exemplo contra o golpe Kapp, havia sido compreendida, ainda que com maior prudência, por Giolitti. Os partidos políticos nada podiam fazer contra o fascismo, cujo método de luta, justificado pela violência dos Guardas Vermelhos comunistas, não era o que se chama de método político: sua ação parlamentar, que visava colocar à margem da lei todas as forças revolucionárias que não quisessem se submeter à intimação de se parlamentarizarem, ou, como se dizia então, de retornar à legalidade, não era de natureza a obrigar os fascistas a renunciar ao uso da violência contra a violência dos comunistas.

O que o governo poderia fazer para se opor à ação revolucionária dos camisas-negras e dos Guardas Vermelhos? Os partidos de massa, os socialistas e os católicos, cuja parlamentarização os reduzira ao papel de partidos constitucionais, só podiam servir para apoiar e, por assim dizer, para legitimar, em bases parlamentares, uma eventual ação repressiva do governo. Mas seria preciso muito mais, além das habituais medidas policiais, para acabar com a desordem que ensanguentava a Itália.

Em vez de se opor com armas à ação revolucionária dos fascistas e comunistas, Giolitti prudentemente decidira neutralizá-la, opondo-se à ação sindical das organizações operárias. Era o método de Bauer, aplicado como medida preventiva contra o perigo revolucionário. Mas o método aplicado por Bauer como marxista foi aplicado por Giolitti como liberal. As organizações sindicais se tornaram, assim, a massa de manobra de que o governo podia dispor para combater, sob o fundamento da ilegalidade, a ação ilegal dos camisas-negras e dos Guardas Vermelhos. A greve, nas mãos de Giolitti, era uma arma tão perigosa para os fascistas e para os comunistas quanto para o governo até essa data. A epidemia de greves que caracterizou os anos de 1920 e 1921 e que, aos olhos da burguesia e dos operários, aparecia como uma doença do Estado, o sinal precursor da revolução proletária, a crise necessária que inevitavelmente se resolveria com a tomada do poder por parte das massas, nada mais era do que o sintoma da profunda mudança que havia ocorrido na situação: essas greves não eram mais, como em 1919, dirigidas contra o Estado, mas contra todas as forças revolucionárias que se propunham a tomar o poder fora ou contra as organizações sindicais do proletariado. A origem do dualismo, que existia havia muito tempo entre os sindicatos dos operários e o Partido Socialista, era a questão da autonomia das organizações sindicais. Porém, o que o proletariado tinha que defender contra as forças revolucionárias que se propunham a tomar o Estado não era simplesmente a autonomia, era a própria existência de suas próprias organizações de classe. Era sua liberdade de classe que os trabalhadores defendiam contra os fascistas. Quanto à atitude dos sindicatos operários em relação aos comunistas, era a mesma atitude adotada pelas organizações sindicais russas em relação aos bolcheviques, às vésperas do golpe de Estado de outubro de 1917. Mas a concepção liberal que Giolitti trouxe na aplicação do método marxista de Bauer só agravou a situação. O liberalismo de Giolitti não passava de um otimismo sem escrúpulos: cínico e desconfiado, uma espécie de ditador parlamentar que tinha muita habilidade para acreditar nas ideias e muitos preconceitos para ter respeito pelos homens, ele conseguiu conciliar, em seu espírito, o cinismo e a desconfiança, o que o levou a criar situações parecendo não se interessar por elas, e a complicá-las com todo tipo de manipulações ocultas, fingindo deixá-las amadurecer por conta própria. Ele não tinha nenhuma fé no Estado: é em seu desprezo pelo Estado que se deve buscar o segredo de sua política. Sua interpretação liberal do método marxista de Bauer consistia em substituir a ação repressiva do governo pela ação revolucionária dos sindicatos, o que equivalia a confiar a eles a defesa do Estado burguês, para afastar do Estado o perigo fascista e comunista e para ter as mãos livres em sua política de parlamentarização, ou seja, de corrupção do proletariado.

No final de 1920, a situação que havia sido criada na Itália não tinha exemplo na história das lutas políticas na Europa contemporânea. D'Annunzio, que tomara posse de Fiume, ameaçava entrar no Reino a qualquer momento a fim de marchar para a conquista do Estado com seu exército de legionários. Ele contava com algumas amizades até mesmo no campo dos trabalhadores: conhecemos as relações que existiam entre a Federação dos Trabalhadores do Mar e o governo de Fiume. D'Annunzio era considerado pelos dirigentes das organizações sindicais mais como um homem perigoso, capaz de arrastar o país para complicações internacionais, do que como um inimigo; em todo caso, ele não era considerado um possível aliado na luta contra o fascismo, embora se soubesse que tinha ciúme de Mussolini e do peso de sua organização fascista revolucionária na política interna italiana. A rivalidade entre D'Annunzio e Mussolini não foi uma carta ruim no jogo de Giolitti, que jogou corretamente com as cartas ruins, mas trapaceava com as boas.

De sua parte, os comunistas, apanhados no fogo cruzado do fascismo e do governo, perderam toda a influência sobre as massas operárias. Seu terrorismo criminoso e ingênuo, sua absoluta incompreensão do problema revolucionário italiano, sua incapacidade de renunciar a uma tática que se esgotava, no terreno da ação direta, nos atentados, nas investidas isoladas, nas sedições dos quartéis e fábricas, naquela guerra de rua inútil nas pequenas cidades provincianas, que os tornava protagonistas cruéis e ousados de uma espécie de bovarismo* insurrecional, os haviam reduzido a ocupar um papel inteiramente secundário na luta pela conquista do Estado. Quantas oportunidades perdidas, quantas investidas perdidas naquele ano de 1919, o ano vermelho, durante o qual mesmo qualquer pequeno Trótski, qualquer Catilina provinciano, podia, com um pouco de boa vontade, ter um punhado de homens e alguns tiros de fuzil para tomar o poder sem escandalizar nem o rei, nem o governo, nem a história da Itália. No Krêmlin, o bovarismo insurrecional dos comunistas italianos era o tema predileto das conversas, nos momentos de bom humor: as notícias que lhe chegavam da Itália faziam Lênin chorar de rir, tão alegre e tão prudente que dizia "Os comunistas italianos? Há! Há! Há!", e se divertia como um menino ao ler as mensagens que D'Annunzio lhe mandava de Fiume.

---

* Bovarismo: tendência de certos indivíduos de fugir da realidade e imaginar para si uma personalidade e condições de vida que não possuem, passando a agir como se as possuíssem. (N. da T.)

O problema de Fiume tornava-se, cada vez mais, um problema de política externa. O Estado criado por D'Annunzio em setembro de 1919 havia retrocedido, em poucos meses, um caminho percorrido de muitos séculos: aquele Estado que deveria constituir, nas intenções de D'Annunzio, o primeiro núcleo de uma poderosa organização revolucionária, a plataforma de lançamento da revolução nacionalista, ponto de partida do exército insurrecional que deveria marchar para a conquista de Roma no final de 1920, não era mais do que um senhorio renascentista italiano, perturbado pelas lutas internas e poluído pela ambição, pela retórica e pela pompa de um príncipe eloquente demais para seguir os conselhos de Maquiavel. A fraqueza daquele principado residia não apenas em seu anacronismo, mas no fato de que sua existência era mais um problema de política externa do que um problema de política doméstica. A conquista de Fiume não foi um golpe de Estado. Ela não modificara a situação política interna da Itália: ele impedira a implementação de uma decisão internacional, que era a de dar à questão de Fiume uma solução contrária ao direito dos povos de disporem de si mesmos. Esse foi o grande mérito de D'Annunzio e sua grande fraqueza em relação à situação revolucionária italiana. Com a criação do Estado de Fiume, ele se tornou um elemento fundamental na política externa da Itália, mas se colocou fora do jogo da política interna, na qual ele não tinha mais do que uma influência indireta. O papel que D'Annunzio designara a seu exército de legionários estava passando logicamente aos camisas-negras: enquanto ele permanecia detido em Fiume, príncipe de um senhorio independente, que tinha seu estatuto, seu governo, seu exército, suas finanças, seus embaixadores, Mussolini ampliava, cada vez mais, sua organização. Dizia-se, à época, que D'Annunzio era o príncipe e que Mussolini era seu Maquiavel: na realidade, para a juventude italiana, D'Annunzio não passava de um símbolo, um Júpiter nacional, e a questão de Fiume não era mais que um argumento, do qual Mussolini se servira para combater o governo no campo da política interna e externa. Mas a existência do Estado de Fiume, embora por algum tempo tenha afastado do jogo revolucionário um concorrente perigoso, foi motivo de preocupação para Mussolini: a rivalidade existente entre ele e D'Annunzio não deixava de repercutir na massa de seus partidários. Aqueles que vinham dos partidos de direita tinham demasiada simpatia por D'Annunzio; os de esquerda, republicanos, socialistas, comunistas, que eram a maioria e formavam o núcleo fundamental das tropas de assalto fascistas, não escondiam sua hostilidade contra aquele fantasma do século XV. É com a carta dessa rivalidade que Giolitti tentou em vão, várias vezes, trapacear no jogo, na ilusão de provocar uma luta aberta entre D'Annunzio e Mussolini; mas ele não demorou para perceber que era perigoso demorar-se em um jogo inútil. Pressionado pela necessidade de resolver a questão de Fiume o mais rápido possível, ele decidiu derrubar o Estado de D'Annunzio pelas armas e, na véspera do Natal de 1920, aproveitando uma confluência de circunstâncias favoráveis, lançou alguns regimentos para atacar Fiume.

Ao grito de dor dos legionários de D'Annunzio respondeu o grito de vergonha de toda a Itália. O fascismo não estava pronto para uma insurreição geral. A luta se anunciava muito dura, as bandeiras negras e as bandeiras vermelhas da guerra civil já tremulavam no campo e nos subúrbios, no vento perverso daquele inverno cheio de presságios sombrios. Mussolini não tinha apenas que vingar os mortos em Fiume como também se defender das forças reacionárias que ameaçavam enterrar o fascismo sob as ruínas do Estado de D'Annunzio. A reação do governo e das organizações operárias já se manifestava em perseguições policiais e conflitos sangrentos, cuja iniciativa havia sido passada para os operários. Giolitti queria aproveitar a crise interna que atormentava o fascismo e o tumulto produzido em suas fileiras pelo trágico Natal em Fiume para colocar Mussolini na ilegalidade. Os líderes dos sindicatos lideravam a luta com grandes greves: cidades, províncias, regiões inteiras foram subitamente paralisadas por um conflito que eclodia em qualquer pequena aldeia. Ao primeiro tiro do fuzil, aconteceu a greve: ao grito de angústia das sirenes, as fábricas se esvaziaram, as portas e janelas das casas se fecharam, o trânsito parou, as ruas desertas tomaram aquele ar cinza e nu que os conveses de navios de guerra têm quando se preparam para o combate.

Antes de sair das fábricas, os operários se muniam para a luta: as armas surgiam de toda parte, de debaixo das bancadas dos tornos, de trás dos teares, dos dínamos, das caldeiras; as pilhas de carvão expeliam rifles e cartuchos; homens de rostos silenciosos e gestos calmos deslizavam entre as máquinas mortas, os pistões, as marretas, as bigornas, os guindastes, escalavam as escadas de ferro, as torres, as pontes de carregamento, os telhados afiados cobertos de vidro, iam tomar posição, transformando cada fábrica em uma fortaleza. Bandeiras vermelhas estavam no topo das chaminés. Nos pátios, os trabalhadores se amontoavam em desordem, divididos em companhias, seções, equipes; líderes de esquadrões com braçadeiras vermelhas davam ordens; no regresso das patrulhas enviadas para reconhecimento, os operários abandonavam as fábricas, caminhando em silêncio ao longo das muralhas para ir ocupar os pontos estratégicos da cidade. Equipes com táticas de guerrilha urbana afluíam de todos os lados às Câmaras do Trabalho para defender a sede das organizações sindicais de um possível ataque em todas as saídas, e nos telhados, granadas de mão eram empilhadas nos escritórios junto às janelas. Os ferroviários separavam as locomotivas e seguiam a toda a velocidade em direção às estações, abandonando os trens no meio do campo. As estradas nas aldeias foram bloqueadas por carroças transversalmente posicionadas, para dificultar a mobilização fascista e impedir que os reforços dos camisas-negras se deslocassem de uma cidade para outra. À espreita atrás dos arbustos, os Guardas Vermelhos camponeses, armados com rifles de caça, garfos, enxadas e foices, aguardavam a passagem dos caminhões fascistas. Os tiros ecoavam pelas estradas e ferrovias, de aldeia em aldeia, até os subúrbios das cidades sinalizadas em vermelho. Ao toque do alarme das sirenes das fábricas, que anunciavam a greve, os policiais, os guardas reais, os agentes de polícia retiravam-se para os quartéis: Giolitti era liberal demais para se envolver em uma luta que os trabalhadores conduziam tão bem, sozinhos, contra os inimigos do Estado.

No vazio ameaçador que a greve criava em torno deles, os esquadrões fascistas especializados em guerrilha urbana se posicionavam nos cruzamentos; as seções treinadas para defender e atacar as casas se mantinham prontas para reforçar os pontos fracos, defender as posições ameaçadas, desferir golpes rápidos e violentos nos núcleos da organização adversária; as tropas de assalto, formadas por camisas-negras treinados nas táticas de infiltração, de investidas, de ações individuais e armadas com punhais, granadas e material incendiário, aguardavam próximos aos caminhões que deveriam transportá-los para o campo de batalha. Essas eram as tropas escolhidas para retaliações. Na tática dos camisas-negras, a retaliação foi um dos elementos mais importantes. Assim que o assassinato de algum fascista era anunciado em um subúrbio ou em um vilarejo, as tropas de assalto partiam para realizar a retaliação: as Câmaras do Trabalho, os círculos operários, as casas dos chefes das organizações socialistas, eram imediatamente atacados, destruídos, incendiados. No início, quando a tática de retaliação ainda era uma novidade, os Guardas Vermelhos recebiam os fascistas a tiros de fuzis, uma luta mortal irrompia em torno das Câmaras do Trabalho, dos círculos operários, nas ruas dos subúrbios e dos vilarejos. Mas essa terrível tática não demorou a dar frutos: o terror da retaliação abalou o espírito combativo dos Guardas Vermelhos, tirou deles a coragem de se defender, atingiu o coração da resistência das organizações operárias. À medida que os camisas-negras se aproximavam, os Guardas Vermelhos, os dirigentes socialistas, os secretários sindicais, os dirigentes grevistas fugiam para o campo, refugiavam-se nas montanhas. Às vezes, era a população inteira de algum vilarejo onde um fascista havia sido morto que fugia para os campos: as tropas de assalto, ao chegarem, encontravam as casas vazias, as ruas desertas e o cadáver de um camisa-negra estendido na calçada.

À tática fascista, rápida, violenta, inexorável, os dirigentes das organizações sindicais operárias só podiam se opor ao que chamavam de resistência desarmada. Embora tenham, oficialmente, assumido a responsabilidade apenas pelas greves, eles não deixavam de provocar, por todos os meios, o espírito combativo dos trabalhadores. Pareciam desconhecer que em todas as Câmaras do Trabalho e em todos os círculos operários existiam depósitos de fuzis e granadas: mas, segundo suas intenções, a greve não devia ser uma manifestação pacífica, mas um estado de guerra, condição indispensável para a aplicação da tática operária da guerrilha urbana. "A greve", diziam, "aqui está nossa retaliação; é uma resistência desarmada que opomos à violência fascista". Mas eles sabiam muito bem que os operários iam às Câmaras do Trabalho a fim de buscar suas armas; era o clima da greve, aquele clima pesado e quente que empurrava os trabalhadores para a luta armada. Sua pretensão de se apresentarem como vítimas inofensivas e inocentes da violência de seus adversários, como cordeiros vermelhos abatidos por lobos negros, era tão ridícula quanto a preocupação tolstoiana de certos fascistas de origem liberal que não queriam admitir que os partidários de Mussolini haviam alguma vez disparado um único cartucho, desferido um único golpe do bastão ou feito alguém beber uma única gota de óleo de rícino sequer*. A hipocrisia dos dirigentes das organizações operárias não evitava mortes nem mesmo nas fileiras dos camisas-negras. Não se deve acreditar que os fascistas não sofreram reveses muito graves. Às vezes, bairros, vilarejos, regiões inteiras se levantavam em armas. A greve geral dava o sinal para a insurreição. Os camisas-negras eram atacados em suas casas, barricadas eram erguidas nas ruas, gangues de operários e camponeses armados com fuzis e granadas ocupavam o campo, marchavam sobre as cidades, caçavam fascistas. O massacre de Sarzana bastaria para mostrar que os operários não eram tão hipócritas quanto seus patrões. Em julho de 1921, na cidade de Sarzana, cerca de cinquenta camisas-negras foram massacrados; os feridos eram degolados até nas macas, nas portas dos hospitais; outros, cerca de

---

* Não eram mais os soldados do rei que perseguiam a Igreja, mas os camisas-negras, tropas fascistas que saqueavam igrejas, espancavam católicos e forçavam padres a tomar óleo de rícino, provocando vergonhosa diarreia nos sacerdotes. (N. da T.)

uma centena, que escaparam dispersando-se pelo campo foram perseguidos na mata por uma multidão de mulheres e homens armados com garfos e foices. O relato da guerra civil na Itália, nos anos de 1920 e 1921, ou seja, o relato da preparação do golpe fascista está repleto desses episódios de violência feroz.

Para reprimir as greves revolucionárias e as insurreições dos operários e dos camponeses, que se tornavam cada vez mais graves, a ponto de paralisar regiões inteiras, os fascistas adotaram a tática de ocupação sistemática das regiões ameaçadas. De um dia para o outro, concentrações de camisas-negras aconteciam nos centros indicados no plano de mobilização: milhares e milhares de homens armados, por vezes, 15 mil ou 20 mil, dispersavam-se pelas cidades, pelas aldeias, pelos vilarejos, movendo-se rapidamente, de uma província para outra, por trem e caminhão. Em poucas horas, toda a região estava ocupada e submetida a estado de sítio. Tudo o que restava de organizações socialista e comunista, Câmaras de Trabalho, sindicatos, círculos operários, jornais, cooperativas foi metodicamente dissolvido ou destruído. Os Guardas Vermelhos que não tiveram tempo de fugir foram expurgados, repreendidos e reformados: durante dois ou três dias os cassetetes trabalharam ao longo de centenas de quilômetros quadrados. No final de 1921, essa tática, aplicada sistematicamente em escala cada vez maior, havia quebrado a espinha dorsal da organização política e sindical do proletariado. O perigo da Revolução Vermelha se foi para sempre. O cidadão Mussolini tinha merecido a pátria: uma vez cumprida sua missão, pensavam os burgueses de todos os tipos, os camisas-negras poderiam dormir. Eles logo perceberiam que a vitória do fascismo sobre os trabalhadores quebrara também a espinha do Estado.

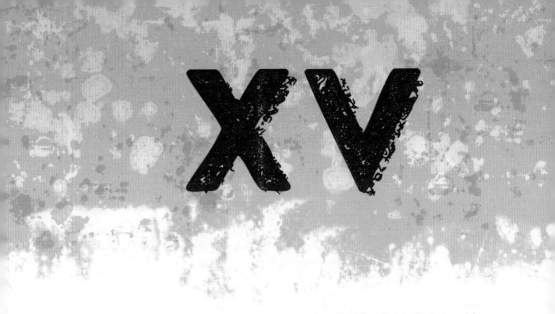

XV

A tática seguida por Mussolini para assumir o Estado não poderia ter sido concebida e implementada por um marxista. Nunca devemos esquecer que a educação de Mussolini é uma educação marxista. O que, na situação revolucionária italiana, fazia Lênin e Trótski rirem e ao mesmo tempo se indignarem era a incapacidade dos comunistas de tirarem vantagem de uma combinação tão extraordinária de circunstâncias favoráveis: as greves gerais insurrecionais de 1919 e 1920, cuja ocupação das fábricas pelos operários do norte da Itália, em 1920, havia marcado a fase decisiva, não geraram nenhum líder capaz de arrastar um punhado de homens para a conquista do Estado. Apoiado pela greve geral, qualquer pequeno Trótski provinciano poderia ter tomado o poder sem pedir permissão ao rei.

Mussolini, que julgava a situação como marxista, não acreditava na chance de sucesso de uma insurreição, que deveria lutar, ao mesmo tempo, contra as forças do governo e as forças do proletariado. Seu desprezo pelos dirigentes socialistas e comunistas, que não ousavam decidir tomar o poder, não o impedia de desprezar todos aqueles, como D'Annunzio, que se propunham a derrubar o governo sem terem primeiro garantido ao menos a aliança ou a neutralidade das organizações operárias. Mussolini não era um homem que teria sua espinha quebrada por uma greve geral. Como o Gabriele nacional, ele não ignorava a importância do papel do proletariado no jogo revolucionário. Sua sensibilidade moderna, sua inteligência marxista sobre os problemas políticos e sociais de nosso tempo não lhe deixavam ilusões sobre a possibilidade de fazer um blanquismo nacionalista em 1920.

Não se deve ver, na tática do golpe de Estado fascista, uma tática concebida por um reacionário: Mussolini não tinha nada de um D'Annunzio, de um Kapp, de um Primo de Rivera ou de um Hitler. Foi como marxista que ele avaliou as forças do proletariado e seu papel na situação revolucionária de 1920, foi como marxista que ele chegou à conclusão de que era necessário, antes de tudo, dissolver as organizações sindicais dos trabalhadores, em que o governo, sem dúvida, iria se apoiar para defender o Estado. Ele temia a greve geral: a lição de Kapp e de Bauer lhe fora de grande serventia. Os historiadores oficiais do fascismo, para provar que Mussolini não era reacionário, fazem referência a seu programa de 1919. Na realidade, o programa fascista de 1919, no qual a grande maioria dos camisas-negras sinceramente acreditava (a velha guarda permaneceu fiel ao espírito de 1919), era republicano e democrata. Mas não é o programa de 1919 que revela a educação marxista de Mussolini: é a concepção da tática do golpe de Estado fascista, a lógica, o método, a rigorosa clareza de propósito de sua aplicação. Veremos mais adiante, em relação a Hitler, o que pode se tornar uma tática concebida por um marxista na interpretação e aplicação de um reacionário.

Aqueles que não queriam ver no fascismo senão uma defesa do Estado contra o perigo comunista, senão uma reação pura e simples às conquistas políticas e sociais do proletariado, julgavam que Mussolini, em meados de 1921, já havia cumprido sua tarefa, que seu jogo acabara e que os camisas-negras "agora podiam dormir". Embora por considerações completamente diferentes, Giolitti chegara à mesma conclusão desde março de 1921, depois daquelas greves gerais que revelaram o perigoso poder do fascismo. A guerra civil atingira um grau terrível de violência: as perdas haviam sido severas de ambos os lados, mas aquelas lutas sangrentas, cheias de episódios de uma atrocidade sem precedentes na história daqueles anos vermelhos, terminaram em derrota das forças do proletariado. Giolitti, que jogara a carta dos sindicatos operários contra o fascismo, foi pego de surpresa pelo súbito colapso das organizações dos trabalhadores: daquela luta sangrenta o fascismo saiu vitorioso, animado por um espírito agressivo que não deixava dúvida alguma sobre suas intenções, e impressionantemente armado para a luta contra o Estado. O que lhe restava para se opor ao fascismo? A tarefa dos sindicalistas operários na defesa do Estado estava agora terminada. Os partidos políticos que formavam a maioria parlamentar nada podiam fazer contra aquela poderosa organização armada que operava no terreno da violência e da ilegalidade. Não restava a ele senão tentar parlamentarizar o fascismo, velha tática daquele liberal que dera à Itália, nos últimos trinta anos, o modelo de ditadura parlamentar a serviço de uma monarquia sem viés constitucional. Mussolini, cujo programa político não impedia a tática revolucionária, deixou apenas um dedo de sua mão esquerda ficar preso no jogo. Nas eleições políticas de maio de 1921, o fascismo aceitou fazer parte daquela espécie de bloco nacional, que Giolitti concebera para comprometer e corromper, com a ajuda do sufrágio universal, o exército dos camisas-negras.

 O Bloco Nacional não foi formado sem grande dificuldade. Os partidos constitucionais não queriam saber de serem colocados no mesmo nível de uma organização armada que tinha um programa republicano. Todavia, o que preocupava Giolitti não era o programa de 1919, mais ou menos republicano e democrático, era o objetivo da tática fascista. A conquista do Estado, esse é o propósito de Mussolini: era preciso aceitar esse programa no terreno eleitoral caso se quisesse afastar o fascismo do objetivo de sua tática revolucionária. Giolitti, que não jogava como se deve jogar a não ser com cartas ruins, não teve mais sorte desta vez do que quando trapaceou no jogo com a carta da rivalidade entre D'Annunzio e Mussolini. Longe de se deixar parlamentarizar, o fascismo se manteve fiel a sua tática: enquanto os vinte deputados fascistas enviados à Câmara pelas eleições de maio trabalhavam no Parlamento para desarticular a maioria que havia deixado o Bloco Nacional, os camisas-negras voltaram contra as organizações sindicais do Partido Republicano e do Partido Católico com a mesma violência com que tinham dissolvido os sindicatos socialistas. Diante da ação insurrecional pela conquista do Estado, era necessário limpar o solo de todas as forças organizadas, fossem de esquerda, de centro ou de direita, capazes de constituir apoio ao governo, de impedir o fascismo na fase decisiva da insurreição, de cortar os jarretes no momento crítico do golpe de Estado. Era essencial impedir não só a greve geral como também a frente única do governo, do Parlamento e do proletariado. O fascismo se viu na necessidade de criar um vácuo em torno de si mesmo, de varrer todas as forças organizadas, políticas ou sindicais, proletárias ou burguesas, sindicatos, cooperativas, círculos operários, Câmaras do Trabalho, jornais, partidos políticos. Para grande surpresa da burguesia reacionária e liberal, que considerava esgotada a tarefa do fascismo, e para grande alegria dos operários e camponeses, os camisas-negras, depois de terem dissolvido violentamente as organizações republicanas e católicas, puseram-se a trabalhar contra os liberais, os democratas, os maçons, os conservadores e todos os tipos de burgueses pedantes. A luta contra a burguesia era muito mais generalizada entre os fascistas do que a luta contra o proletariado. As tropas de assalto de Mussolini eram, em grande parte, compostas por operários, pequenos artesãos e camponeses. Além disso, a luta contra a burguesia já era a luta contra o governo, contra o Estado.

Esses mesmos liberais, esses mesmos democratas, esses mesmos conservadores, que se apressaram, chamando os fascistas para fazer parte do Bloco Nacional, para colocar Mussolini no panteão dos "salvadores da pátria" (a Itália, há meio século, estava repleta de "salvadores da pátria": o que no início era uma missão se tornou quase uma profissão oficial; pode-se esperar tudo de um país que foi salvo muitas vezes), não podiam se resignar a reconhecer que o objetivo de Mussolini não era salvar a Itália de acordo com a tradição oficial, mas sim assumir o Estado. Aqui está um programa muito mais sincero do que o de 1919. Nada era, agora, menos legítimo e aceitável para a burguesia liberal e reacionária do que aquela violência fascista tão calorosamente aplaudida quando foi exercida contra as organizações do proletariado. Quem teria imaginado que Mussolini, tão bom patriota quando travou a luta contra os comunistas, os socialistas e os republicanos, da noite para o dia iria se tornar um homem perigoso, um homem ambicioso sem vieses burgueses, um catilinário determinado a tomar o poder mesmo contra o rei e contra o Parlamento?

Se o fascismo se tornara um perigo para o Estado, a culpa cabia a Giolitti. Era preciso sufocá-lo a tempo, ilegalizá-lo desde o início, esmagá-lo com armas como ocorrera com D'Annunzio. Esse tipo de "bolchevismo nacionalista" parecia muito mais perigoso do que aquele bolchevismo de estilo russo do qual a burguesia, agora, podia dizer que não mais temia. O governo Bonomi poderia ter reparado os erros do governo de Giolitti? Para Bonomi (1873-1951), um antigo socialista, o problema do fascismo não passava de um problema da polícia. Entre esse marxista que empregava a tática da reação policial, tentando estrangular o fascismo antes que estivesse pronto para a conquista do Estado, e Mussolini, que tentava ganhar tempo, travou-se, nos últimos meses de 1921, uma luta impiedosa, marcada por perseguições, agressões e conflitos sangrentos. Embora Bonomi tenha conseguido concretizar a frente única da burguesia e do proletariado contra os camisas-negras (os operários, apoiados pelo governo, faziam grandes esforços para reconstruir suas organizações de classe), a tática revolucionária de Mussolini continuava a se desenvolver sistematicamente. Após o fracasso do cessar-fogo celebrado entre fascistas e socialistas, a falta de coragem e de discernimento dos partidos burgueses, seu egoísmo sem escrúpulos, que opunha à violência dos camisas-negras um maquiavelismo grosseiro, eloquente e patriótico, acabou por desmoralizar o exército de trabalhadores. O ano de 1922 se abriu numa paisagem triste e enevoada: o fascismo, violento e metódico, aos poucos tomou conta de todos os centros nervosos do país. A rede de sua organização política, militar e sindical cobria toda a Itália. O mapa geográfico da península, essa bota cheia de cidades, vilarejos e homens inquietos, impetuosos e preconceituosos, estava agora desenhado, como uma tatuagem, na sensível palma da mão direita de Mussolini. Bonomi havia caído em uma nuvem de poeira, sob os escombros do mundo político e sindical, burguês e proletário. O Estado, sitiado em Roma pelo fascismo, que ocupava todo o país, estava à mercê dos camisas-negras: sua autoridade, reduzida a migalhas, sobreviveu em apenas algumas centenas de ilhotas, províncias, municípios, quartéis de polícia, espalhados por toda a Itália em meio à maré crescente da revolução. O medo da responsabilidade começava a se insinuar entre o rei e o governo: essa brecha foi aumentando cada vez mais, velha astúcia das monarquias constitucionais. O rei se apoiava no Exército e no Senado; o governo, na Polícia e no Parlamento: o que não deixava de despertar a desconfiança da burguesia liberal e dos trabalhadores.

No verão de 1922, quando Mussolini anunciou ao país que o fascismo estava pronto para a conquista do Estado, o governo, num esforço derradeiro, tentou impedir a insurreição, romper o cerco fascista com a revolta dos operários e camponeses. A greve geral eclodiu em agosto por ordem de uma espécie de comissão de saúde pública, que reuniu o Partido Democrata, o Socialista, o Republicano e a Confederação Geral do Trabalho. Foi isso o que se chamou de "greve legal", a última batalha que os defensores da liberdade, da democracia, da legalidade e do Estado deram ao exército de camisas-negras às vésperas da insurreição. Enfim, Mussolini estava prestes a estrangular o adversário mais perigoso, o único verdadeiramente temível, do golpe de Estado fascista: aquela greve geral que, durante três anos, a cada momento, ameaçava quebrar a espinha da revolução; aquela greve contrarrevolucionária que ao longo de três anos vinha combatendo, com uma luta sistemática, as organizações sindicais do proletariado. O governo e a burguesia liberal e reacionária, ao desencadear a contrarrevolução operária contra o fascismo, esperavam quebrar o impulso insurrecional dos camisas-negras, desviar do Estado, por algum tempo ainda, o perigo da conquista revolucionária. Mas enquanto as equipes fascistas de técnicos e operários qualificados substituíam os grevistas nos serviços públicos, a terrível violência dos camisas-negras esmagava, em 24 horas, o exército de defensores do Estado, reunidos sob as bandeiras vermelhas da Confederação Geral do Trabalho. Não foi em outubro, mas no mês de agosto, que o fascismo venceu a batalha decisiva pela conquista do Estado: a partir do fracasso da "greve legal", o governo de Luigi Facta (1861-1930), homem fraco, honesto e leal, permaneceu em seu lugar apenas para proteger o rei.

Embora o programa fascista, aquele programa de 1919 em que os camisas-negras da velha guarda acreditavam sinceramente, fosse republicano, o rei não precisava da lealdade do governo Facta. Mussolini, às vésperas do golpe de Estado, renunciou subitamente a seu programa republicano e, com o grito de "Viva o rei", dava o sinal para a insurreição. O golpe de Estado fascista não tinha nada daquele caráter coreográfico que certos plutarcos oficiais, fartos de eloquência, retórica e literatura, queriam lhe emprestar. Não houve grandes palavras, poses teatrais, gestos ao estilo de Júlio César, Cromwell ou Bonaparte. As legiões de camisas-negras que marchavam para a capital não eram, felizmente, as legiões romanas que voltavam da Gália, e Mussolini não se vestia como um antigo cônsul. A história não se escreve com base em pinturas a óleo de segunda mão, nem com base em obras de pintores oficiais. É difícil entender como o Napoleão pintado por David (1784-1825) pôde ter aquele gênio tão claro, tão preciso, tão moderno, que o torna um homem tão distante do Napoleão pintado por David, ou esculpido por Canova (1757-1822), quanto Mussolini está de Júlio César ou de Bartolomeo Colleoni (1395-1475). Em certas pinturas a óleo, durante a insurreição de outubro de 1922, vemos os camisas-negras passeando por uma Itália cheia de arcos de Tito (39-81), túmulos, mausoléus, colunas, arcadas, estátuas, sob um céu povoado de águias, como se o golpe de Estado fascista tivesse como cenário a Itália de Ovídio (43 a.C.-17 ou 18 d.C.) e Horácio (65-8 a.C.), como protagonistas os legionários romanos e como diretor o próprio Júpiter, preocupado em salvar as aparências constitucionais com o classicismo da encenação. Outros nos mostram um Mussolini de 1922 com olhos de 1830, um Mussolini romântico, perdido em uma paisagem neoclássica, a pé ou a cavalo à frente das legiões fascistas, cercado pelos membros do quadrunvirato, ou do comitê militar revolucionário: tendo como pano de fundo as ruínas dos aquedutos, naquela paisagem romana tão severa e tão fatal, Mussolini parece se destacar de uma pintura de Poussin (1594-1665), de uma elegia de Goethe (1749-1832), de uma peça de Pietro Cossa (1830-1880), ou de um verso de Carducci (1835-1907) ou D'Annunzio; parece que os bolsos de suas calças estão cheios de livros de Nietzsche. Essas pinturas a óleo são a apoteose de todo o mau gosto da cultura e da literatura italianas dos últimos cinquenta anos. É de se admirar, diante dessas representações do golpe de Estado fascista, que Mussolini tenha conseguido derrubar o governo Facta e tomar o poder.

No entanto, o Mussolini de outubro de 1922 não é o das pinturas a óleo: é um homem moderno, frio e ousado, violento e calculista. Fiel à concepção de sua tática revolucionária, o plano que ele tem para o golpe de Estado é cuidado nos mínimos detalhes. Na véspera da insurreição, todos os que se opunham ao fascismo, os sindicatos operários, os comunistas, o Partido Socialista, o Republicano, o Católico, o Democrático e o Liberal, estão fora de ação. A greve geral, que foi definitivamente sufocada em agosto, não pode mais quebrar a espinha da insurreição: os operários não ousarão deixar seus trabalhos para irem às ruas. As represálias sangrentas que esmagaram a "greve legal" extinguiram para sempre o espírito de luta do proletariado. Quando Mussolini, em Milão, levanta a bandeira negra da insurreição, as equipes fascistas de técnicos e de operários especializados rapidamente se apoderam de todos os pontos estratégicos da organização técnica do Estado. Em 24 horas, toda a Itália estava militarmente ocupada por 200 mil camisas-negras. As forças policiais, os carabineiros, os guardas reais, são insuficientes para restabelecer a ordem no país: em todos os lugares, onde as forças policiais tentam expulsar os camisas-negras de suas posições, os ataques fracassam sob o fogo das metralhadoras fascistas. De Perugia, sede da revolução, os membros do quadrunvirato, ou comitê revolucionário, Bianchi (1882-1930), Balbo, De Vecchi (1884-1959) e De Bono (1866-1944), dirigem a ação insurrecional com base no plano examinado por Mussolini. Cinquenta mil homens estão concentrados na zona rural romana, prontos para marchar sobre a capital: é ao grito de "Viva o rei" que o exército dos camisas-negras põe cerco ao rei. Embora a lealdade de Mussolini, apoiada por 200 mil fuzis, ainda não tenha tido tempo de envelhecer, um rei constitucional deve preferi-la à lealdade de um governo desarmado. Quando o Conselho dos Ministros decide submeter à assinatura do rei o decreto que estabelece o estado de sítio em toda a Itália, o rei, ao que parece, se recusa a assinar. Não se sabe exatamente o que aconteceu naquela ocasião: o que é certo é que o estado de sítio foi decretado, mas durou apenas meio dia. Muito pouco se for verdade que o rei assinou o decreto, um pouco demais se for verdade que ele não o assinou.

Com sua tática revolucionária, aplicada sistematicamente durante os três anos de luta sangrenta, o fascismo já havia tomado conta do Estado muito antes da entrada dos camisas-negras na capital. A insurreição só derrubou o governo. Nada, nem o estado de sítio, nem colocar Mussolini na ilegalidade, nem a resistência armada poderiam ter feito fracassar o golpe de Estado fascista em outubro de 1922. "Devo a Mussolini", dizia Giolitti, "ter aprendido que não é contra o programa de uma revolução que um Estado deve se defender, mas contra sua tática". E confessava, sorrindo, que não fora capaz de tirar proveito daquela lição.

XVI

Aqueles que não acreditam no perigo que é Hitler nunca se esquecem de ironicamente declarar que a Alemanha não é a Itália. Seria mais correto dizer que a tática de Hitler não é a de Mussolini. Em 1932, tendo ido à Alemanha para ver mais de perto o que é chamado de perigo hitlerista, muitas vezes me encontrei me perguntando se Hitler pode ser considerado o Mussolini alemão. Lembro-me de ter respondido ao sr. Simon, diretor do *Frankfurter Zeitung*, que eu vinha me questionando a esse respeito, que a Itália, de 1919 a 1922, e mesmo depois, não toleraria um Hitler. Minha resposta pareceu surpreender o sr. Simon, que abandonou o assunto.

Na realidade, Hitler não passa de uma caricatura de Mussolini. Assim como alguns plutarcos italianos fartos de eloquência, retórica e literatura, e os nacionalistas de quase todos os países da Europa, Hitler vê em Mussolini apenas uma espécie de Júlio César de fraque e cartola, corrompido pela leitura de obras de Nietzsche e Barrès (1862-1923), muito curioso das ideias de Ford (1863-1947) e do sistema de Taylor (1856-1915), partidário da padronização industrial, política e moral. Aquele austríaco gordo e orgulhoso, com seu bigode pequeno como uma borboleta sobre o lábio fino e curto, com olhos rudes e desconfiados, com ambição tenaz e intenções cínicas, pode muito bem ter, como todos os austríacos, um certo gosto pelos heróis da Roma antiga e pela civilização italiana do Renascimento, mas ele não é tão desprovido de senso de ridículo que não perceba que a Alemanha de Weimar não poderia ser um país interessante para ser conquistado para um pequeno-burguês da Alta Áustria disfarçado de Sula, de Júlio César ou de líder. Embora também contaminado por esse tipo de esteticismo característico dos que sonham com a ditadura, não se pode acreditar, como afirmam alguns de seus

145

oponentes, que ele aprecie abraçar bustos de líderes renascentistas nos museus de Munique. Devemos ser justos com ele, Hitler gostaria de imitar Mussolini, mas, como um homem do norte, um germânico, pensa que pode imitar um homem do sul, um latino. Ele acredita na possibilidade de modernizar Mussolini, interpretando-o no estilo alemão, o que não chega a ser sequer uma forma de ironizar o classicismo. Seu herói ideal é um Júlio César em traje tirolês. Ficamos tão surpresos ao ver que o clima da Alemanha de Weimar é tão favorável a essa caricatura de Mussolini que faria rir até mesmo o povo italiano.

Assim como ele não se parece com o busto do Duce esculpido por Wildt (1868-1931), essa espécie de imperador romano com a testa envolta nas bandagens sagradas de Pontifex Maximus, também não se parece com a estátua equestre de Mussolini, esculpida por Graziosi (1879-1942), que domina o estádio em Bolonha (aquele cavalheiro do século XV, muito orgulhoso a cavalo para parecer um herói bem-educado), Hitler, um austríaco de Braunau, não se assemelha ao retrato que alguns de seus oponentes querem nos dar dele. Friedrich Hirth (1845-1927), um grande admirador de Stresemann, para se mostrar justo com o líder dos nacional-socialistas, escreve:

> Hitler é fisicamente o bávaro ou o alto-austríaco médio; seu tipo é o de todos os homens daqueles distritos. Basta entrar em qualquer loja ou café em Braunau ou Linz, na Áustria, Passau ou Landshut, na Baviera, para perceber que todos os balconistas e todos os garçons se parecem com Hitler.

Segundo seus adversários, o segredo do sucesso pessoal de um homem que, sem merecer ser tomado por qualquer balconista ou garçom em Braunau ou Landshut, ainda assim, possui todos os traços físicos da mediocridade do espírito burguês alemão, seria apenas a eloquência, a sedução de sua nobre, ardente e viril eloquência.

Hitler não deve ser culpado por ter conseguido, apenas por sua eloquência, impor uma disciplina de ferro a centenas de milhares de homens razoáveis, recrutados entre antigos combatentes com corações endurecidos por quatro anos de guerra. E seria injusto recriminá-lo por conseguir convencer 6 milhões de eleitores a darem seu voto para uma agenda política, social e econômica que também faz parte de sua eloquência. Porque não se trata de estabelecer se o segredo de seu sucesso pessoal está em suas palavras ou em seu programa. Os catilinários não são julgados nem por sua eloquência nem por seu programa político: mas por suas táticas revolucionárias. A questão é estabelecer se a Alemanha de Weimar está realmente sob a ameaça de um golpe de Estado hitlerista, ou seja, identificar qual é a tática revolucionária daquele Catilina tão eloquente, que se prepara para assumir o Reich e impor sua ditadura pessoal ao povo alemão.

A organização de luta nacional-socialista se encontra calcada no modelo da organização revolucionária do fascismo antes do golpe de Estado, entre 1919 e 1922. A rede de núcleos de Hitler, cujo centro é Munique, se estende de cidade em cidade por todo o território da Alemanha. As tropas de assalto nacional-socialistas, recrutadas entre os antigos combatentes e organizadas militarmente, formam a espinha dorsal revolucionária do partido e poderiam representar, nas mãos de um líder que soubesse usá-las, um perigo gravíssimo para o Reich. Moldados como antigos oficiais do Império, e armados com revólveres, granadas de mão e cassetetes (depósitos de munição, fuzis, metralhadoras e lança-chamas estão espalhados por toda a Baviera, Renânia e ao longo das fronteiras orientais), eles constituem uma organização militar magnificamente equipada e treinada para a ação insurrecional. Submetidos a uma disciplina de ferro, esmagados pela vontade tirânica de seu líder, que se afirma infalível e exerce uma ditadura inexorável dentro do partido, as tropas de assalto hitleristas não são o exército da revolução nacional do povo alemão, mas o instrumento cego das ambições de Hitler. Aqueles veteranos da grande guerra, que sonhavam em marchar para conquistar o Reich e lutar, sob as bandeiras da cruz suástica, pela liberdade da pátria alemã, veem-se reduzidos ao serviço dos ambiciosos desígnios e interesses pessoais de um político eloquente e cínico, que só sabe conceber a revolução como uma guerrilha banal de subúrbio com os Guardas Vermelhos comunistas, como uma série interminável de conflitos inglórios com trabalhadores bem-vestidos ou desempregados famintos, como uma conquista eleitoral do Reich apoiada por alguma troca de tiros de revólver nos bairros proletários das grandes cidades.

Em Königsberg, Berlim, Dresden, Munique, Nuremberg, Stuttgart, Frankfurt, Colônia, Düsseldorf, Essen, alguns oficiais das tropas de assalto de Hitler me confessaram que se sentiam humilhados na condição de pretorianos de um chefe revolucionário, que se prepara para colocar contra seus próprios partidários os sistemas policiais dos quais ele, um dia, deveria se servir para impor sua ditadura pessoal sobre o povo alemão. Dentro do Partido Nacional-Socialista, a liberdade de consciência, o senso de dignidade, a inteligência, a cultura são perseguidos com aquele ódio estúpido e brutal que caracteriza os ditadores de terceira categoria. Embora austríaco, Hitler não tem espírito suficiente para entender que certas fórmulas da antiga disciplina jesuíta são agora ultrapassadas até na Companhia de Jesus, e que é perigoso querer aplicá-las a um partido político, cujo programa é lutar pela liberdade nacional do povo. Não se vencem batalhas em nome da liberdade com soldados que estão acostumados a manter os olhos baixos.

Não é apenas com os sistemas policiais e com a prática de denúncia e hipocrisia que Hitler humilha seus partidários, mas também com a tática revolucionária. Após a morte de Stresemann, se a eloquência de Hitler se tornou cada vez mais heroica e ameaçadora, sua tática revolucionária lentamente tomou o rumo de uma solução parlamentar para o problema da conquista do Estado. Os primeiros sintomas dessa evolução datam de 1923. Com o fracasso do golpe de Hitler, Kahr e Ludendorff em Munique, em 1923, toda a violência revolucionária de Hitler se refugiou em sua eloquência. As tropas de assalto nacional-socialistas gradualmente se transformam em uma espécie de Camelots du Roi* Hitler.

A crise da qual hoje sofre o partido de Hitler começou após a morte de Stresemann. Só havia aquele grande oponente que poderia forçar Hitler a colocar suas cartas na mesa, a não trapacear no jogo revolucionário. Stresemann não temia Hitler: era um homem pacífico que tinha um certo gosto pelos métodos violentos. Em um discurso proferido em 23 de agosto de 1923, numa reunião de industriais, Stresemann declarara que não hesitaria em recorrer a medidas ditatoriais se as circunstâncias o exigissem. Era o período em que as tropas de assalto hitleristas ainda não haviam se tornado os Camelots du Roi Hitler, uma organização de pretorianos a serviço de um agitador eloquente: eles eram um exército revolucionário, que acreditava estar lutando pela liberdade da pátria alemã. A morte de Stresemann permitiu a Hitler abandonar a tática da violência, o que diminuiu enormemente a influência das tropas de assalto dentro do partido. As tropas de assalto: aqui está o inimigo. São os extremistas de seu partido que assustam Hitler. A tática da violência é a força deles. Ai de Hitler se as tropas de assalto se tornarem muito fortes: talvez fosse o golpe de Estado, mas certamente não seria a ditadura de Hitler.

---

* Os Camelots do Rei, oficialmente a Federação Nacional dos Camelots do Rei, eram uma organização juvenil de extrema-direita do movimento militante e integralista francês Action Française, ativa entre 1908 e 1936. (N. da T.)

O que falta ao extremismo nacional-socialista não é um exército, é um líder. Aquelas tropas de assalto que até ontem acreditavam estar lutando pela liberdade do Reich começavam a perceber que não passam de instrumentos cegos de uma ambição pessoal de poder. Os motins ocorridos há algum tempo entre os nacional-socialistas não se originaram, como afirma Hitler, da ambição insatisfeita de algum líder subordinado, mas do profundo descontentamento das tropas de assalto com a insuficiência de Hitler, que se revela cada vez mais incapaz de colocar claramente o problema da conquista do poder no terreno insurrecional.

Estariam os extremistas do partido errados em considerar Hitler um falso revolucionário, um oportunista, um "advogado" que acredita poder fazer a revolução com discursos, desfiles militares, ameaças e chantagem parlamentar? Após a retumbante vitória eleitoral, que enviou uma centena de deputados hitleristas ao Reichstag, a oposição interna à tática oportunista de Hitler se pronuncia cada vez mais abertamente pela solução insurrecional do problema da conquista do Estado. Acusa-se Hitler de não ter coragem de enfrentar os perigos de uma tática revolucionária, de ter medo da revolução. Um dos líderes das tropas de assalto me disse, em Munique, que Hitler é um Júlio César que não sabe nadar, na margem de um Rubicão fundo demais para ser atravessado. Sua brutalidade para com seus próprios partidários não pode ser explicada a não ser pelo medo de que eles tomem o controle, de que a ala extremista, as tropas de assalto, os cabeças quentes o empurrem contra sua vontade no caminho da insurreição. Ele parece dominado pela preocupação de se proteger contra a ala extremista de seu partido, de subjugar suas tropas de assalto e torná-las um instrumento de sua vontade. Como todos os catilinários que hesitam entre o compromisso e a ação insurrecional, Hitler é obrigado, de tempos em tempos, a fazer concessões aos extremistas, como o abandono do Reichstag pelos deputados nacional-socialistas, mas suas concessões nunca o fazem perder de vista o oportunismo revolucionário, a conquista legal do poder. É verdade que ao renunciar ao uso da violência, da ação insurrecional, da luta armada para a conquista do Estado, ele se distancia cada vez mais do espírito revolucionário de seus partidários; é verdade que tudo o que o nacional-socialismo vem ganhando no terreno parlamentar está perdendo no terreno revolucionário: mas Hitler sabe muito bem que, com isso, ele assegura a simpatia de massas cada vez maiores de eleitores, consegue, para seu programa político, a adesão da imensa maioria da pequena burguesia, da qual ele precisa para abandonar o perigoso papel de Catilina e representar um mais seguro, o de um ditador demagogo.

Na realidade, a crise que atormenta o nacional-socialismo poderia ser chamada de crise da social-democratização do partido. Trata-se de uma lenta evolução na direção da legalidade, na direção das formas e dos métodos legais de luta política: o nacional-socialismo é um exército revolucionário que vem se tornando uma formidável organização eleitoral; uma espécie de Bloc National* que considera o cassetete um de seus pecados da juventude, um daqueles pecados que criam más reputações, mas não impedem casamentos de interesse. É o Exército da Salvação do patriotismo alemão: ele não poderia ter um líder mais digno do que Hitler. No fundo, os patriotas alemães, incapazes de levar Mussolini a sério, levam a sério sua caricatura. É uma velha história, os patriotas na Alemanha não passam de uma caricatura dos bons alemães.

Entre as concessões que, nos últimos tempos, Hitler prometeu aos extremistas de seu partido está a criação, em Munique, de uma escola para o treinamento de tropas de assalto em táticas insurrecionais. Mas em que consiste a tática insurrecional de Hitler? O chefe do nacional-socialismo não coloca o problema da conquista do Estado como colocaria um marxista. Ele mostra ignorar a importância da tarefa das organizações sindicais dos trabalhadores na defesa do Reich. Ele não julga essa tarefa como marxista, ou simplesmente como revolucionário, mas como reacionário. Em vez de lutar contra as organizações sindicais do proletariado, ele ataca os trabalhadores. Sua caça ao comunista nada mais é do que uma caça ao operário. O que justificava a tática de violência empregada pelos camisas-negras de Mussolini contra as organizações operárias era a necessidade de fazer uma limpeza em todas as forças organizadas, políticas ou sindicais, proletárias ou burguesas, sindicatos, cooperativas, bancas de jornal, círculos operários, câmaras trabalhistas, partidos políticos, para impedir a greve geral e quebrar a frente única do governo, do Parlamento e do proletariado. Mas nada justifica o ódio estúpido e criminoso das tropas de assalto de Hitler contra os trabalhadores enquanto trabalhadores. A perseguição aos trabalhadores jamais levou os partidos reacionários que querem assumir um Estado democrático um passo adiante no caminho da insurreição. Hitler deveria sistematicamente conduzir uma luta contra as organizações sindicais para libertar seu partido da enorme pressão das massas organizadas. A defesa do Estado não é confiada ao Reichswehre, apenas à polícia: a tática

---

* Bloc National foi o nome dado a duas coalizões formadas por vários partidos de direita na França, caracterizadas por uma aliança entre ex-inimigos dos radicais de centro-direita, liberais conservadores e nacionalistas católicos. (N. da T.)

do governo do Reich consiste em opor as tropas de assalto de Hitler aos esquadrões armados da Guarda Vermelha comunista e aos sindicatos dos trabalhadores. A greve: esse é o instrumento de defesa do Reich contra o perigo hitlerista. O oportunismo de Hitler está à mercê dessa tática de greve: a paralisação de toda a vida econômica de uma cidade ou região atinge no coração os interesses dessa mesma burguesia, na qual Hitler recruta o exército de seus eleitores. É com a tática das greves, com esses golpes de marreta nas costas das tropas de assalto nacional-socialistas, que o proletariado alemão obrigou Hitler a abandonar a tática fascista de luta contra as organizações sindicais dos trabalhadores e a fazer de seu exército insurrecional um magnífico instrumento para a conquista do Estado, uma espécie de polícia voluntária para a guerrilha dos subúrbios contra os comunistas. Na realidade, essa guerrilha suburbana é, muitas vezes, apenas uma caça ao operário enquanto operário: eis o que resta da tática revolucionária de Mussolini quando aplicada por um reacionário. Devemos ser justos com Hitler: nada o detém, exceto qualquer coisa que ameace sua política oportunista. Não é apenas a preocupação de diminuir a influência das tropas de assalto dentro do partido, reduzindo o alcance político de sua tarefa revolucionária, que fez Hitler, após algumas tentativas fracassadas, decidir abandonar a tática de Mussolini contra os sindicatos dos trabalhadores. Ele está bem ciente de que a reação inevitável do proletariado, isto é, a greve geral, a paralisação da vida econômica alemã, afetaria, antes de tudo, os interesses de suas massas de eleitores. Ele não quer perder o favor da burguesia, que é o elemento indispensável de sua estratégia eleitoral. Ele visa à conquista do Estado apenas através da conquista do Reichstag. Ele não quer se chocar com o formidável poder das forças sindicais do proletariado que bloqueiam o caminho da insurreição: é no terreno eleitoral, no terreno da legalidade, que ele quer lutar a batalha decisiva pelo poder contra o governo do Reich e contra o proletariado. Essa insignificante guerrilha suburbana, que todos os domingos, nos subúrbios de todas as grandes cidades da Alemanha, enfrenta as tropas de assalto de Hitler, agora prisioneiras de uma massa de 6 milhões de eleitores nacional-socialistas, com esquadrões armados de guardas comunistas vermelhos, retorna, dessa forma, ao jogo da social-democracia parlamentar, assim como àquele do governo do Reich, das massas eleitorais nacional-socialistas e dos partidos de direita. Alguém também precisa ensinar prudência e modéstia aos comunistas.

Entretanto, pode Hitler se certificar de que suas tropas de assalto irão permanecer resignadas com o fato de terem que desistir de sua tarefa revolucionária e servir de instrumento para a reação antibolchevique na Alemanha? Sua função não é lutar contra os Guardas Vermelhos nos subúrbios operários, mas assumir o controle do Estado. Não é apenas para marchar contra os esquadrões comunistas, em benefício de todos aqueles que temem o perigo bolchevique, isto é, em benefício tanto da burguesia patriótica quanto da social-democracia, que eles concordaram em se sujeitar à brutal e cínica ditadura de Hitler. Eles querem marchar contra o governo do Reich, contra o Parlamento, contra a social-democracia, contra as organizações do proletariado, contra todas as forças que bloqueiam seu caminho de insurreição. Não é à vitória eleitoral que visa sua tática revolucionária: é ao golpe de Estado. E se o próprio Hitler... Apesar de seus retumbantes sucessos eleitorais, Hitler ainda está longe de ter a Alemanha de Weimar em suas mãos. As forças do proletariado continuam intactas: aquele formidável exército de trabalhadores que constitui o único inimigo temível da revolução nacional-socialista está mais forte do que nunca, pronto para defender até o fim a liberdade do povo alemão. Apenas metralhadoras ainda podem abrir um caminho na investida hitlerista. Amanhã, talvez, seja tarde demais.

O que Hitler espera para abandonar seu perigoso oportunismo? Pretende aguardar que a revolução nacional-socialista seja prisioneira do Parlamento? Tem medo de ser proscrito. Não é por Sula, César, Cromwell, Bonaparte ou Lênin que essa caricatura de Mussolini pretende se passar quando se apresenta como o libertador da pátria alemã. Mas sim por herói civil, defensor da lei, restaurador da tradição nacional, servidor do Estado. "Hitler", diria Giolitti, "é um homem que tem um grande futuro atrás de si". Quantas oportunidades perdidas! Quantas vezes, se tivesse sabido aproveitar as circunstâncias favoráveis, poderia ter tomado o Estado! Apesar de sua eloquência, de seus sucessos eleitorais, de seu exército insurrecional, apesar do prestígio indiscutível de seu nome e das lendas que se criaram em torno de sua figura de agitador, de força propulsora de multidões, catilinário violento e sem escrúpulos, apesar das paixões que desperta em torno de si e de sua perigosa fascinação pela imaginação e pelo espírito aventureiro da juventude alemã, Hitler é um César fracassado. Em Moscou, ouvi de um bolchevique que foi um dos mais importantes executores da tática insurrecional de Trótski durante o golpe de outubro de 1917, um julgamento singular sobre Hitler: "Ele tem todos os defeitos e todas as qualidades de Kerensky. Ele também, como Kerensky, não passa de uma mulher."

Na realidade, o espírito de Hitler é um espírito profundamente feminino: sua inteligência, suas ambições, sua própria vontade não têm nada de viril. Ele é um homem fraco, que se refugia na brutalidade para esconder sua falta de energia, suas debilidades surpreendentes, seu egoísmo mórbido, seu orgulho sem reservas. O que se encontra em todos os ditadores, o que é um dos traços característicos de sua maneira de conceber as relações entre os homens e os acontecimentos, é seu ciúme: a ditadura não é apenas uma forma de governo, é a forma mais completa de inveja, em seus aspectos políticos, morais e intelectuais. Como todos os ditadores, Hitler é guiado mais por suas paixões do que por suas ideias: sua conduta para com seus partidários mais antigos, aquelas tropas de assalto que o seguiram desde o primeiro momento, que permaneceram fiéis a ele na desgraça, que compartilharam com ele humilhações, perigos e aprisionamento, e que fizeram sua glória e poder, só pode ser justificada por um sentimento, que irá surpreender todos aqueles que não conhecem a natureza particular dos ditadores, sua psicologia violenta e tímida. Hitler tem inveja daqueles que o ajudaram a se tornar uma figura proeminente na vida política alemã: ele teme sua altivez, sua energia, seu espírito de luta, essa disposição corajosa e desinteressada que faz das tropas de assalto de Hitler um instrumento magnífico para a conquista do Estado. Toda sua brutalidade se concentra em humilhar essa sua altivez, sufocar sua liberdade de consciência, obscurecer seus méritos pessoais, transformar seus partidários em lacaios sem dignidade. Como todos os ditadores, Hitler ama apenas aqueles a quem pode desprezar. Sua ambição é a de um dia poder corromper, humilhar, escravizar todo o povo alemão, em nome da liberdade, da glória e do poder da Alemanha.

Há algo de obscuro, equivocado, sexualmente mórbido nas táticas oportunistas de Hitler, em sua aversão à violência revolucionária, em seu ódio a toda forma de liberdade e de dignidade individuais. Na vida dos povos, nas grandes calamidades, depois de guerras, invasões, fomes, há sempre um homem que emerge da multidão, que impõe sua vontade, sua ambição, seus rancores, e que "se vinga como uma mulher" de todo seu povo, da liberdade, da felicidade e do poder perdido. Na história da Europa, é a vez da Alemanha. Hitler é o ditador, ele é a mulher que a Alemanha merece. É por seu traço feminino que se explica o sucesso de Hitler, o fascínio que a multidão tem por ele, o entusiasmo que desperta na juventude alemã. Aos olhos das massas nacionalistas, Hitler é um homem puro, um asceta, um fanático pela ação. Uma espécie de santo. *"Il ne court sur son compte aucune histoire de femme"* ["Não se atribui a ele nenhuma tática feminina"], diz um de seus biógrafos. Em vez disso, deve-se dizer dos ditadores que *"aucune histoire d'homme"* ["nenhuma tática masculina"] se atribui a seu nome.

Às vezes, há momentos na vida de um ditador que iluminam o fundo obscuro, mórbido e sexual de seu poder. São as crises que revelam todo o aspecto feminino de seu personagem. Nas relações entre um ditador e seus partidários, essas crises geralmente se manifestam com sedição. Ameaçado de ser dominado, por sua vez, por aqueles que ele humilhou e escravizou, o ditador se defende com extrema energia contra a revolta de seus partidários: é a mulher que nele se defende. Cromwell, Lênin, Mussolini, todos conheceram essas crises. Cromwell não hesitou em usar ferro e fogo para reprimir a rebelião dos niveladores*, aquela espécie de comunista inglês do século XVII; Lênin não teve pena dos marinheiros insurgentes do Kronstadt; Mussolini foi muito duro com os camisas-negras de Florença, cuja revolta durou um ano, até a véspera de outubro de 1922. É de surpreender que Hitler ainda não tenha lutado contra uma sedição geral de suas tropas de assalto. Os motins parciais que vêm ocorrendo há algum tempo em toda a Alemanha, nas fileiras das tropas de assalto de Hitler, talvez sejam apenas os primeiros sintomas da crise inevitável. O oportunismo, em uma revolução, é uma traição pela qual se paga. Ai dos ditadores que se colocam à frente de um exército revolucionário e fogem da responsabilidade de um golpe de Estado. Pode ser que eles consigam, com astúcia e comprometimento, tomar o poder legalmente: mas as ditaduras que são o resultado de uma articulação são apenas meias ditaduras. Elas não são duráveis. A legitimidade de uma ditadura consiste apenas na violência revolucionária: é o golpe de Estado que lhe dá a força para solidamente se estabelecer. O destino de Hitler talvez seja o de chegar ao poder com um compromisso de natureza parlamentar: para impedir a revolta de suas tropas de assalto, ele só precisa desviá-las da conquista do Estado, que transfere sua tarefa revolucionária do nível da política interna para o da política externa. O problema das fronteiras orientais não se tornou ultimamente o principal tema da eloquência de Hitler? Não é por acaso que o futuro da Alemanha depende de um compromisso parlamentar, e não de um golpe de Estado. Um ditador que não ousa tomar o poder com violência revolucionária não deve assustar uma Europa Ocidental determinada a defender sua liberdade até o fim.

A atual situação política na Alemanha só pode surpreender aqueles que sabem até que ponto o povo alemão sempre teve um senso de dignidade civil. Seria necessário admitir que a Alemanha de Weimar está muito doente, que suas

---

* Niveladores: partido político durante a Guerra Civil Inglesa (1642-1651) comprometido com a soberania popular, o sufrágio estendido, a igualdade perante a lei e a tolerância religiosa. Caracterizava-se por seu forte populismo, demonstrado na ênfase em direitos naturais iguais e na prática de buscar atingir o público por meio de panfletos, petições e apelos vocais à multidão. (N. da T.)

classes dominantes, sua burguesia, suas elites intelectuais estão profundamente desmoralizadas ou corruptas para acreditarem que podem se curvar, sem razão, a uma ditadura que o próprio Hitler não se atreve a impor-lhes com violência. Não se aceita uma ditadura: sofre-se. Mesmo que ela seja imposta por uma revolução, ela só é sofrida depois de ter sido combatida até o fim. É um absurdo dizer que a burguesia russa não se defendeu contra os bolcheviques. Falando dos acontecimentos de outubro de 1917 em Petrogrado, não deixei de defender Kerensky da acusação de não ter podido assegurar a defesa do Estado contra a ação insurrecional dos Guardas Vermelhos. Como todos os governos liberais e democráticos, o governo de Kerensky só podia defender o Estado com medidas policiais. A técnica liberal de defesa do Estado não podia, e não pode, fazer nada contra a técnica do golpe de Estado comunista: nada pode também contra a técnica do golpe de Estado fascista. Seria igualmente um absurdo dizer que o governo liberal, as organizações sindicais dos trabalhadores e os partidos constitucionais italianos não se defenderam das táticas revolucionárias de Mussolini. A luta pelo poder na Itália continuou por quatro anos, muito mais sangrenta do que na Alemanha. A ditadura de Lênin e a de Mussolini não foram impostas até depois de uma luta amarga. Mas qual força, qual dura necessidade, poderia obrigar as classes dominantes, a burguesia e as elites intelectuais da Alemanha de Weimar a aceitar uma ditadura que nenhuma violência revolucionária as constrange a sofrer? Seu espírito de revolta contra a paz de Versalhes e seu desejo de se libertar das consequências políticas e econômicas da guerra não são suficientes para justificar sua atitude diante da possibilidade de uma ditadura hitlerista. De todos os males da guerra perdida, de todas as consequências da paz de Versalhes, a maior calamidade que poderia atingir o povo alemão seria a perda de sua liberdade civil. Uma Alemanha que aceitasse a ditadura de Hitler sem resistência, uma Alemanha subserviente a essa espécie medíocre de Mussolini, não saberia se impor aos povos livres da Europa Ocidental. Aqui está a grande punição da burguesia alemã.

A atual situação política do Reich não teria como ser justificada, como afirmam alguns, por um declínio no sentido de liberdade na Europa moderna. As condições morais e intelectuais da burguesia não são as mesmas na Alemanha e em outros lugares. Seria necessário admitir que esse declínio é muito grave para se acreditar que a burguesia europeia não é mais capaz de defender sua liberdade e que o futuro da Europa é um futuro de servidão civil. Mas se é verdade que as condições morais e intelectuais da burguesia não são as mesmas na Alemanha e em outros lugares, se é verdade que todos os povos da Europa não possuem o senso de liberdade no mesmo grau, não é menos verdade que o problema do Estado se coloca na Alemanha nos mesmos termos que em quase todos os outros países europeus. O problema do Estado não é mais apenas um problema de autoridade: é também um problema de liberdade. Se os sistemas policiais se mostram insuficientes para defender o Estado contra uma possível tentativa comunista ou fascista, a que medidas um governo pode e deve recorrer sem pôr em perigo a liberdade do povo? É nesses termos que se apresenta o problema da defesa do Estado em quase todos os países.

A razão deste livro não é discutir os programas políticos, sociais e econômicos dos catilinários; antes é mostrar que o problema da conquista e da defesa do Estado não é um problema político, mas técnico, que a arte de defender o Estado é regida pelos mesmos princípios que regem a arte de conquistá-lo, e que as circunstâncias favoráveis a um golpe de Estado não são necessariamente de natureza política e social e não dependem das condições gerais do país. O que não poderia, talvez, deixar de despertar alguma inquietação mesmo nos homens livres dos países mais bem organizados e educados da Europa Ocidental. Dessa inquietação, tão natural em um homem livre, nasceu minha intenção de mostrar como se conquista um Estado moderno e como se defende.

Aquele personagem de Shakespeare, aquele Bolingbroke, duque de Hereford, que dizia que "o veneno não agrada àqueles que precisam dele", talvez fosse um homem livre.

NOTA BIOGRÁFICA

Curzio Malaparte, pseudônimo de Kurt Erich Suckert – sua origem alemã é por parte de pai –, nasceu na província de Prato em 9 de junho de 1898 e foi aluno do famoso internato Cicognini. Ainda muito jovem, militou no Partido Republicano, e passou depois às fileiras do nacionalismo; nesse mesmo período, fundou a folha satírica intitulada *Il Bacchino*.

Intervencionista entusiasmado, em 1914 fugiu de casa para se alistar na legião de Garibaldi que lutou contra os alemães no Argonne, ao lado do exército francês. Retornando à Itália em 1915, tomou partido a favor da intervenção e, depois que a Itália entrou na guerra, foi voluntário no 51º Regimento de Infantaria da Brigada Alpina. Participou primeiro como soldado simples e depois como segundo-tenente nas batalhas do Col de Lana, no Pescoi, no Marmolada e, depois do Caporetto, na batalha do Piave e do Grappa. Em 1918 estava mais uma vez na frente francesa no comando da 94ª Seção de Lança-Chamas de Assalto de sua Brigada. Combateu em Bligny e lá ficou ferido pelos gases em seus pulmões, como mais tarde contou no *Fughe in prigione* (1936).

Depois da guerra, por algum tempo, foi adido cultural em Varsóvia. Em 1922, após aderir com todo o entusiasmo ao movimento fascista, participou da marcha sobre Roma junto aos esquadrões de ação florentinos. Em 1924, fundou e dirigiu o semanário político *La Conquista dello Stato*, iniciando sua carreira jornalística. Foi então redator-chefe do *Mattino*, de Nápoles, e durante três anos (1929-1931), diretor do *Stampa*, de Turim. Nesse entretempo publicou alguns volumes histórico-políticos, como *Viva Caporetto!*, mais tarde reimpresso sob o título *La rivolta dei santi maledetti* (1921), *L'Europa vivente* (1923), *Italia barbara* (1925) e *I custodi del disordine* (1925). Em 1925 assinou o Manifesto dos Intelectuais Fascistas, mudou seu nome, italianizando-o para Curzio Malaparte e, com o novo pseudônimo, assinou a folha de rosto do *Italia barbara*, publicado por Piero Gobetti (1901-1926) em Turim.

Do ponto de vista literário, após um primeiro apoio ao movimento Strapaese* e da colaboração com *Il Selvaggio*, de Mino Maccari (1898-1989), Malaparte passa à postura de aberta oposição ao provincianismo cultural do Strapaese, visando a uma expansão, em um sentido europeu, das perspectivas culturais italianas, situando-se muito próximo das perspectivas do Stracittà** e da revista *900*, dirigida por Massimo Bontempelli (1878-1960).

Nesse período, ele publicou as *Avventure di un capitano di sventura* (1927), *L'Arcitaliano* (1928), e, alguns anos depois, os contos do volume *Sodoma e Gomorra* (1931). De 1929 a 1932, dirigiu com Angioletti (1896-1961) *La Fiera letteraria*, nesse meio-tempo, transformada em *L'Italia letteraria*; datam desses anos inúmeras viagens pela Europa, o que testemunha seu caráter inquieto (da Alemanha à Escócia, da Rússia à França). Anos fundamentais para sua carreira como escritor e jornalista foram aqueles que ele passou na direção do *Stampa*, para cuja tarefa foi chamado pelo próprio senador Giovanni Agnelli (1886-1945). Ele soube dar um grande impulso ao jornal, desenvolvendo, sobretudo, o setor de notícias do exterior e abrigando importantes investigações sobre as condições de trabalho na Itália e na Europa. Justamente por essa atividade contracorrente, pouco tolerada pelo regime, e por seu espírito independente, Malaparte foi afastado da direção do jornal em 1931 devido ao envolvimento direto de Mussolini.

Emigrado para Paris, Malaparte publicou, traduzidos para o francês, dois livros de grande engajamento político-documental pela editora Grasset: *Technique du coup d'État* (1931) e *Le bonhomme Levine* (1932). Em 1933 foi correspondente político em Londres e, no mesmo ano, retornou a sua terra natal aceitando o pedido explícito de Mussolini. Pouco depois foi preso por suas posições nada ortodoxas em relação às diretrizes político-culturais do regime fascista, e exilado por um período de cinco anos, primeiro em Lipari e depois em Forte dei Marmi, continuando a colaborar com os jornais mais importantes da época.

De 1937 a 1940, reuniu sua vasta produção narrativa em três volumes de contos: *Fughe in prigione* (1936), *Sangue* (1937), *Donna come me* (1940). Também de

---

* Strapaese: movimento literário e cultural desenvolvido na Itália por volta de 1926, caracterizado pelo espírito patriótico e pela defesa e valorização do território nacional. (N. da T.)
** Stracittà: movimento literário italiano do século XX que defendia a desprovincialização da cultura italiana e apoiava a relação entre o fascismo e o mundo moderno. Opunha-se ao movimento Strapaese. (N. da T.)

1937 a 1943 dirigiu a revista *Prospettive*, que ele próprio havia fundado para ir ao encontro das necessidades de renovação cultural no sentido europeu reiteradamente reivindicadas, em nítida controvérsia com a autarquia cultural imposta pelo regime. As melhores forças da literatura jovem italiana colaboraram com a revista.

Entre 1938 e 1942, planejou a construção de uma imponente propriedade em Capri (chamada "*Casa come me*") que constitui um exemplo fundamental da arquitetura italiana do século xx.

Em 1940, foi chamado de volta à guerra como capitão dos Alpini, e essa experiência passou a integrar o volume de tom lírico-biográfico *Il sole è cieco* (1947). Em 1941, por um curto período, foi correspondente na frente russa; suas correspondências corajosas, e certamente não conformistas (típicas do famoso artigo *Cadaveri squisiti*), colocaram-no, desde o início, em aberta oposição às autoridades alemãs. Mais tarde, foi enviado para a Finlândia como correspondente, e lá, ao longo de dois anos, escreveu grande parte do romance *Kaputt* (publicado em Nápoles em 1944), um livro de construção moderna, valendo-se da técnica de reportagem e do documento dramático tópico.

De volta à Itália, juntou-se, como oficial de ligação, às tropas aliadas que subiam a península, participando, dessa forma, da batalha pela libertação da Itália. Em 1949 publicou outro grande romance, *La pelle*, continuação lógica do livro anterior, também inspirado nos acontecimentos da guerra e dedicado a Nápoles, considerada a típica cidade da Itália vencida, segundo uma necessidade profundamente controversa.

Entretanto, apesar do sucesso de seus livros, devido à crescente hostilidade em relação a ele, em 1947 Malaparte emigrou novamente para a França (a sua segunda pátria), para Paris, onde escreveu duas peças (*Du côté de chez Proust* e *Das Kapital*) que não tiveram grande sucesso. Voltando, mais uma vez, à Itália, no refúgio de sua esplêndida propriedade em Capri, ele trabalhou principalmente para o cinema: em 1951, finalmente fez um filme muito ambicioso, o *Cristo proibito*, que em parte se adapta às novas perspectivas do neorrealismo cinematográfico e em parte as transcende com sua forte carga simbólica. Alguns anos mais tarde, ele publicou *Maledetti toscani* (1956), livro ironicamente polêmico que encerra, em tom discreto, sua curta, mas intensa, parábola literária.

Em 1956, esteve primeiro na Rússia, convidado do governo soviético, e depois na China, onde abertamente tomou partido a favor do comunismo chinês. No longo período passado na China, a doença pulmonar contraída na juventude se agravou. Malaparte retornou à Itália depois de quatro meses de sofrimento e morreu em Roma, em 19 de julho de 1957.

ASSINE NOSSA NEWSLETTER E RECEBA INFORMAÇÕES DE TODOS OS LANÇAMENTOS

www.faroeditorial.com.br

CAMPANHA

Há um grande número de pessoas vivendo com HIV e hepatites virais que não se trata. Gratuito e sigiloso, fazer o teste de HIV e hepatite é mais rápido do que ler um livro.

FAÇA O TESTE. NÃO FIQUE NA DÚVIDA!

ESTA OBRA FOI IMPRESSA
EM AGOSTO DE 2022